编　委　会

主　编：何玉珊

副主编：蒋静媛

编　委：蔡玉茵　吴晓燕　付毅芳　李庄园　陈亚静

遇见故事剧里的成长

泉州市丰泽幼儿园 编

海峡出版发行集团
THE STRAITS PUBLISHING & DISTRIBUTING GROUP
福建教育出版社

图书在版编目（CIP）数据

遇见故事剧里的成长/泉州市丰泽幼儿园编. 一福州：福建教育出版社，2021.5
（幼儿园故事剧案例精选丛书）
ISBN 978-7-5334-9004-1

Ⅰ. ①遇… Ⅱ. ①泉… Ⅲ. ①儿童剧一表演艺术一学前教育一教学参考资料 Ⅳ. ①G613.5

中国版本图书馆 CIP 数据核字（2021）第 062032 号

幼儿园故事剧案例精选丛书
Yujian Gushiju Li De Chengzhang
遇见故事剧里的成长
泉州市丰泽幼儿园 编

出版发行 福建教育出版社
（福州市梦山路 27 号 邮编：350025 网址：www.fep.com.cn
编辑部电话：0591-83784514
发行部电话：0591-83721876 87115073 010-62027445）
出 版 人 江金辉
印　　刷 福州华彩印务有限公司
（福州市福兴投资区后屿路 6 号 邮编：350014）
开　　本 710 毫米×1000 毫米 1/16
印　　张 9.25
字　　数 133 千字
版　　次 2021 年 5 月第 1 版 2021 年 5 月第 1 次印刷
书　　号 ISBN 978-7-5334-9004-1
定　　价 39.00 元

自主　探索　生成

——故事剧表演课程构建的思与行思考

“2012年春节，我与曾经教过的学生闲聊起她儿子在幼儿园的生活，她开心地说：“何老师，我儿子上小班后学会表演《拔萝卜》《小兔乖乖》，我还记得和您当年教我们的一样样。”言者无意听者有心，在谈笑间我不禁思考：为什么二十多年前的孩子表演这些故事，二十多年后表演的故事内容依然相同，且表演模式、角色对话、情节发展，甚至动作表现都没有改变。某一次在培训中我与来自全国的幼教同行谈起这个话题，发现情形是惊人的相似！为什么普遍存在这种共性问题？归根结底应是长期以来的教师主导、教师权威、惯性思维、传承模仿所造成的。其原因有二：

一是，故事表演的主题以传承为主。每个人都有惯性思维、从众心理，当前幼儿园里的故事表演主题是幼教前辈传承下来的宝贵资源，再加上幼儿园里师徒帮带、口口相传，年轻教师觉得继承和运用、传承与模仿是理所当然，个人不需要加入更多思考和改动。

二是，故事表演的指导以传授为主。受教师权威的影响，在故事表演中幼儿对于角色的表演、表现均来自于教师的理解和传授，要让幼儿学会表演一个故事，教师往往通过绘声绘色地讲述和表演指导孩子从表情、动作、语音语调等方面一步步地学习，故事角色的善与恶，演员的出场下场、动作特征都由教师安排。表演“像不像”“好不好”也以教师为准，在故事表演中教师担任着“主导者”。

两大问题、四个弊端导致了故事表演内容不够丰富，形式缺乏自主性、游戏性，幼儿难以在故事表演中获得应有的乐趣。如何改变这一现状？如何才能在培养幼儿自主学习能力中又促进创造力、表现力的发展？我们陷入深深的思考！时值《3~6 岁儿童学习与发展指南》（以下简称《指南》）正式颁布，在参加多场《指南》解读培训和自身细致学习研究之后，我们发现《指南》里阐述的儿童观、游戏观、课程观犹如引航灯塔，带我们走上“自主、探索、生长”的故事课程改革之路，不断指引方向。如今，与《指南》同龄的故事剧表演课程已走过了八个年头，从引发思考到付诸实践，从实践初期的跌跌撞撞、中期的反思调整到后期的完善成熟，每一个阶段都在总结经验中发现问题与不足、反思分析与调整、思考对策与举措。课程建构充分凸显幼儿主体、师幼共构、领域统整、全员参与的特征，最终成为师幼最喜爱的特色课程。

行动：

第一步：拓宽视野，丰富故事表演内容。传统故事中优秀的题材，传递着正能量的内容，好的传统需要传承。但当今国内外优秀绘本已经浸润于幼儿的家庭和生活中，适时引进丰富的素材正好可以解决故事表演主题单一的问题。因此我们从幼儿兴趣点切入，尝试引进许多受孩子喜爱的故事如《西游记》《葫芦兄弟》《11 只猫去旅行》《鼠小弟与鼠小妹》《小红和小黄》《最好吃的蛋糕》等，幼儿自主选择故事、自主创编台词和对白、自主创编动作与表情、自主推进表演情节，在班级表演区和幼儿园舞台上展示表演。在活动中我们还发现幼儿时常会将当下正在开展的课程自发融入，如开展“我们的节日”（元宵节、端午节、中秋节）主题活动时，孩子们在节日庆祝过程即兴创编、自主扮演角色、自发表演故事情节。受此启发，我们在丰富故事内容上继续深挖，将泉州四大传统节日、泉州美食文化、社会热点等融入其中，形成了富有本土特色的故事剧《悠悠端午情》《龙须珍珠粥》《蟳埔女，装水水》等，最终我们的故事表演内容达到四个融合，即与优秀绘本、经典名著、社会热点、传统文化相融合。多种素材、多元文化的融合既拓宽了师幼视野，又为故事表演带来新意、注入活力；以幼儿为主体的做法为幼儿的创造想象、充分表现搭建舞台。

第二步：全面发展，统整故事主题课程。基于《指南》所倡导的课程实施要注重领域之间、目标之间的相互渗透和整合，促进幼儿身心全面协调发展。我们依托一日活动皆课程的理念，提出师幼共构、领域统整的课程思路。以主题活动形式推进的故事剧课程重视过程，追求幼儿在前、教师在后的师幼共构特征，在促进了幼儿全面发展的同时呈现“既有过程性深度体验，又有结果性精彩表演”的故事剧课程新模式。

第三步：施展个性，尽享故事表演过程。《指南》呼吁应充分理解和尊重幼儿发展进程中的个别差异，切忌用一把尺子衡量所有幼儿，这一原则的提出正好回答了传统故事表演以传授为主的问题。如何满足每一位幼儿的个别差异，促进其个性发展呢？我们开始静下心来思考：“孩子们喜欢演什么？喜欢怎么演？”当走进孩子中间倾听声音寻找答案时我们发现，每位孩子独特的个性与思考令我们惊讶——有的说“故事里的对话太长了我记不住，能不能自己想说什么就说什么？”有的说“我不喜欢和别人做一样的动作，能不能表演我喜欢的动作？”有的说“我希望在舞台上表演的时候不用说话，可以发发呆”……原来，对于幼儿而言每一个人都能成为故事的主角；原来，对幼儿的尊重、接纳和支持并没有让教师更轻松，反而对她们的科学判断、准确分析、有效支持提出更高要求。支持幼儿个性化发展让我们的故事剧课程更加富有生命力和情感价值。

第四步：游戏体验，玩转故事表演课程。“要珍视游戏和生活的独特价值”这句话让更多的幼教工作者重新审视、反思游戏之于幼儿学习、生活的重要性。我想要让故事表演好玩起来，让幼儿真心喜爱并投入其中，有必要以游戏立场、游戏精神对传统故事表演的组织与指导进行重构。游戏立场即幼儿是喜爱游戏的，课程应顺应幼儿爱玩的天性，尊重幼儿的游戏心。因此我们将幼儿最爱的户外自主游戏、区域活动与故事主题活动紧密联系，鼓励幼儿在玩中想象创造，在游戏中主动学习，在一日生活中自主建构原创故事。如大班幼儿在户外游戏时对小蚂蚁产生极大兴趣，他们围绕小蚂蚁展开一系列的观察探究和学习——寻找蚂蚁的家、观察蚂蚁的特征与种类、搭建蚂蚁跑道、建构蚂蚁的家、编画蚂蚁的故事、说蚂蚁的话等有趣的游戏；并逐步发展到自发自主地扮演蚁后、工蚁等角色，自编自导自演“蚂蚁的家、蚂蚁过河、蚂蚁搬糖果”等故事情节，最终形成原创故事剧《我们和小蚂蚁在一起》。所谓游戏精神即在课程实施中应以游戏精神、游戏理念贯穿其中；我们借鉴课程游戏化的理念，将幼儿喜爱的戏剧游戏如定格游戏、造型游戏、百变表情游戏等融入故事剧课程，以游戏搭桥让角色卷入，使戏剧游戏成为故事剧课程的有效推进手段，让幼儿在玩中学，学中玩。在游戏精神下的故事剧课程呈现一种动态发展、不断变化的生长状态。

成长：

八年的故事剧课程研究不但解决了前面分析的两大问题、四个弊端，更是解决了传统故事剧表演以教师权威灌输式教学为主的问题、幼儿坐等老师安排的惰性思维的问题、幼儿园在课程建设中缺乏系统性、计划性与开放性的问题，充分体现幼儿主导、儿童立场、游戏体验、创造想象的特质。2017 年我们总结课程阶段成果申报的研究课题“构建以幼儿为主体的故事剧表演特色课程的实践研究”获批全国教育科学“十三五”规划 2017 年度教育部重点课题，2018 年“构建以幼儿为主体的故事剧表演特色课程”课题研究阶段性成果荣获福建省基础教育教学成果一等奖，甚至于在故事剧课程推进中带动起来的户外自主游戏研究成果也取得佳绩，荣获 2018 年国家级教学成果二等奖。我们的故事剧课程探索之旅还在继续，《3~6 岁儿童学习与发展指南》的一路陪伴使得我们的旅程精彩纷呈！

一路走来，得到了很多前辈、专家、领导、同行们的支持、帮助。特别感谢福建师范大学学前教育系主任吴荔红教授和泉州幼儿师范高等专科学校吴振东教授给予故事剧课程专业的引领和指导帮助，帮我们从理论上辨识前行的实践路径！感谢福建省教育规划办主任、省教科所吴明洪所长、郭少榕主任给予课题实践研究的专业指导和支持！感谢泉州市教科所在课题实践研究中的指导和帮助！感谢南京第二幼儿园易娟老师教育教学经验的分享和引导！感谢泉州市教育局对我园实施教育部重点课题研究经费的大力支持，让我们的故事剧课程建设得以顺利推进，收获硕果。

回顾课程实践探索的历程，更要感谢课题小组的所有成员及全园教师！我们像一个大家庭一样风雨同舟，一路思索、一路成长。因此，此书是集体智慧的结晶。感谢可爱的孩子们，给予课程无穷的生命力和创造力，独一无二的孩子们，亦如独一无二的故事剧课程一般，闪亮、炫美。

一路上硕果满盈，怀揣感悟与成长，继续与亲爱的大家一路求索，一路欢歌！

何玉珊

谨识于泽园

前　言

“幼儿主体故事剧表演课程”跳出“教师主导、教师权威、惯性思维、传承模仿”，提出“幼儿主体，师幼共构；领域统整，全员参与”故事剧表演课程新理念，激发了幼儿的自主性、游戏性，让幼儿在故事表演中获得乐趣的同时，培养了幼儿自主学习能力，并促进了其创造力、表现力的发展。基于对课程建设方向的把握，以及各年龄段幼儿发展特征的考虑，幼儿园课程建设组以课程总目标为支点，精研覃思，进一步明晰各年龄段课程实施和推进的重点，即小班以感受模仿为主，中班以仿编、改编为主，大班以原创生活故事为主。

幼儿在小班刚开始接触故事剧，对他们而言，重在体验和感受故事表演的乐趣，模仿和积累故事表演的经验。因此，小班阶段课程从亲近故事入手，遵循幼儿“爱演”的天性，通过感受模仿，触发对情节、角色等故事元素的感知，积累情感体验。中班幼儿在积累一定表演经验基础上，对故事剧的表现与表达葆有浓厚的兴趣和能量，他们在关注面和表达力方面较小班更为宽广、丰富，并逐步形成深阅读的品质，因此中班阶段课程重点应定位在仿编、改编，即支持幼儿在原有故事经验的基础上，根据兴趣点、生活体验、故事发展逻辑等角度进行适度创编，在满足中班幼儿表达、表现需求的同时，也搭建更为广阔的自主学习空间，为下一阶段的创作与表达提供可能。大班幼儿经历了小、中班阶段的体验、表现、创作等经验积累之后，生活的维度持续增大，卷入式的学习使得幼儿的主体意识及思考决策能力逐步增强。他们关于故事剧课程的学习发展呈现出螺旋式上升的状态。在此基础上，我们鼓励大班幼儿基于生活进行故事原创，即从日常生活中、学习互动中、问题解决中、热点话题中去提取原创故事素材，以幼儿引发、教师支持的方式创作属于班级的、幼儿本身的个性化原创故事剧。

故事剧课程研究走过8个春秋，从摸着石头过河到逐步明朗，再到如今硕果满盈，涌现了许许多多优质课程内容，凸显为四种融合：

（一）与优秀绘本的融合

我们以优秀绘本（故事）切入，发现幼儿的关注点、兴趣点，以此作为故事表演的主导线索开展绘本背景下的主题活动，展开对故事剧剧本的创编和表演。

比如，小班的《好吃的蛋糕》《小猪佩奇捉迷藏》《水果跑啊跑》《鸡蛋哥哥的故事》，中班的《十一只猫做苦工》《狐假虎威新传》《嘟嘟消防车》《老鼠娶亲》《101只小蝌蚪》等，都是利用优质的绘本资源开展的故事剧主题活动。

（二）与经典名著的融合

经典故事是中国文化的瑰宝，鲜明的人物形象、精彩的故事情节吸引着一代代的中华儿女。例如四大名著之一的《西游记》，其玄幻的神魔世界、趣味横生的故事情节成了幼儿眼中神奇的存在。教师与大班的幼儿用一个月的时间欣赏完《西游记》（幼儿版）之后，幼儿自主选择最喜欢的故事创作剧本、自主制作道具、自主编排表演动作，并将一个个西游记故事搬上了舞台。有的班级幼儿选择《大闹天宫》是因为“孙悟空能七十二变、大闹天宫、战胜天兵天将，特别神奇”；有的班级幼儿选择《大战红孩儿》是因为“红孩儿会喷火，推战车特别好玩”。围绕经典名著，我园开展过了许多故事剧主题活动。

比如，大班的《女儿国》《大闹天宫》《大战红孩儿》《二打白骨精》《海龙王要娶亲》。

（三）与社会热点的融合

在“一带一路”背景下，泉州古城投入到“古刺桐史迹申遗”活动中，成为社会一大热点事件。我园教师及时把握这一契机，将古泉州的风土人情、名胜古迹、美食文化等引入故事剧表演课程，师幼共同演绎原创生活故事。

例如，教师与大班的幼儿探寻古泉州的码头港口，到海交馆参观了解古代的造船术，深入走访体验泉州蟳埔女的服饰、生活内容，并在此基础上创作《听蟳埔阿姨讲故事》《千辛万苦海丝路》等故事剧，再现泉州特有的蟳埔女造型、艺术特色、生活特征，使故事剧表演课程与时俱进，凸显多元化。

（四）与传统文化的融合

泉州的文化底蕴特别深厚，可挖掘的优质资源非常丰富。其中，我们将泉州四大传统节日（春节、元宵节、端午节、中秋节）的习俗引进课堂，幼儿们则将体验过的最有趣的传统节日内容融入故事剧，在舞台上展示泉州传统节日的欢庆场面。

比如，大班创作的《端午粽香》《红红火火过大年》《我们的中秋》《泉州的年兜》等原创故事剧。

四种融合的故事剧主题，内容之间并不是截然区分的，而是根据主题推进的需要、幼儿体验的需要相互渗透，糅杂其中。例如与社会热点融合的《11 只猫游泉州》也是在优秀绘本的深度阅读中拓展到泉州的申遗事件。四种融合的故事剧课程内容，无论是故事情节，还是人物对白都流淌着幼儿的智慧、思想和情感，极具有专属性和不可复制性。

目录

第一篇

与优秀绘本的融合

活动视频二维码

最好吃的蛋糕

（小班）

缘起——

每个孩子都想在幼儿园和小伙伴一起过生日。每逢班级有孩子的生日到了，为了给孩子一个难忘的回忆，我们都会在班级模拟过生日的情景：请孩子选择一个玩具蛋糕，请小伙伴为他唱首生日歌。这时，总能唤起孩子们生活中吃蛋糕的美好回忆，于是，他们自发地在自主游戏和创造性游戏中玩起了“蛋糕店”的游戏，并回家与爸爸妈妈分享游戏体验。

一天，乐乐把家里的绘本《最好吃的蛋糕》带到班级阅读区。孩子们马上被绘本吸引了，他们经常在午餐后，和同伴在阅读区翻阅，自主阅读。阅读的过程中，很多孩子对绘本《最好吃的蛋糕》产生了极大的兴趣，并反复谈论。霁桐说：“我想像动物们一样做蛋糕。”钰熙说：“我也和大象一样喜欢巧克力蛋糕。”……

显然，孩子们非常喜欢这本绘本。看到幼儿对这本绘本如此喜爱，我在对绘本内容的潜在教育价值，潜在教育资源等方面进行分析后，决定围绕“蛋糕”主题，展开绘本的深度阅读之旅，把该绘本作为我们本学期故事剧的创作蓝本。

绘本内容简介：热带森林里，动物们期待已久的一年一度的“最好吃的蛋糕”比赛要开始了，动物们纷纷筹备，把森林布置得漂漂亮亮的。第一个做蛋糕的是长颈鹿，第二个是大象，第三个是鳄鱼……比赛当天，参加比赛的动物们都带来他们做的蛋糕，狮子裁判只吃了小兔做的蛋糕就判定小兔做的蛋糕获得第一名。动物们生气了，吵起架，甚至把做好的蛋糕扔来扔去，所有的蛋糕都混在了一起。这时候，狮子尝到了一口混合蛋糕，发现这才是最好吃的蛋糕。最后，动物们决定合作，做一个大蛋糕。蛋糕做好了，他们围着蛋糕开起了舞会。

过程推进——

（一）找最好吃的蛋糕

1. 分享最好吃的蛋糕

一接触《最好吃的蛋糕》，孩子们就马上被故事里小动物们做的各种口味的蛋糕深深吸引了，纷纷和小伙伴们说起了自己最喜欢的蛋糕。

妮妮：“我最喜欢的蛋糕是门口‘面包新语’甜品店里的 HELLO KITTY 蛋糕。”

格格：“我最喜欢吃的蛋糕是抹茶蛋糕。”

球球：“我喜欢的蛋糕是我自己吃过的双层蛋糕，双层蛋糕很大，我喜欢。”

说起自己最喜欢的蛋糕，孩子们激动地说个不停。看到他们投入的样子。我说：“孩子们，你们介绍的蛋糕好有趣。周末，老师想请你和爸爸妈妈找找你介绍的蛋糕，并把它的样子拍下来，带到幼儿园。下周，我们一起欣赏、认识这些美味的蛋糕，好吗？”孩子们开心地接受任务。不等周末过后，已经有孩子陆续带来了自己找到的最好吃的蛋糕的照片。我将孩子们带来的照片布置在走廊上的故事剧推进板上。周末过后，孩子们找寻的最好吃的蛋糕照片全部上墙，形成了一道美丽的风景。

在分享的过程中，孩子们看到彼此带来的蛋糕照片，纷纷表示太想吃图片上的蛋糕了，乐乐说：“蔡老师，我能不能带蛋糕进来和小伙伴一起吃呢？”奕静也跑过来说：“我想和好朋友一起吃蛋糕。”可乐说：“看到蛋糕的照片我都要流口水了。”

还有好多孩子回家和爸爸妈妈介绍起小伙伴带来的蛋糕照片，表示想吃各种口味的蛋糕。于是，有家长在QQ群交流孩子们近况时，提议：为孩子们举行蛋糕会吧。家委在征求家长们意见之后，决定满足孩子们的愿望，为他们举行一个蛋糕会，分享好吃的蛋糕。

教师小记

当决议在故事剧中呈现孩子共同喜欢的蛋糕时，孩子们参与的积极性一下子就被调动了。在找寻蛋糕和分享的过程，孩子们主动和家长交流，寻求支持；带照片来班级之后，又非常投入地向同伴和其他班级的老师介绍自己找到的最好吃的蛋糕。活动过程中，孩子们自主探索的行为闪耀着快乐的光芒。

2. 春游蛋糕会

当爸爸妈妈为孩子们决定举行蛋糕会的消息传到孩子们的耳中时，

他们顿时欢呼雀跃，七嘴八舌地说："我喜欢芒果蛋糕""我要带草莓蛋糕""我要带甜甜圈和大家一起吃"……

我结合园所活动，和家长商议，将蛋糕会和春游融合。春游这一天，美丽的东湖公园草坪上，一群可爱的孩子和爸爸妈妈们一起布置了草坪蛋糕会，各种口味和造型的蛋糕让孩子们兴奋不已。

宁宁说："我喜欢甜甜圈蛋糕，故事里的鳄鱼也喜欢。"

静静说："我喜欢大象的巧克力蛋糕，很好吃。"

子恒说："我喜欢王瑞林带来的汽车蛋糕。"

心心说："我喜欢那块抹茶蛋糕。"

……

孩子们纷纷走到自己喜欢的蛋糕前，拿起蛋糕开心地品尝，边吃还边谈论着："这个草莓蛋糕很好吃""我的是抹茶口味的蛋糕""我的蛋糕是兔子形状的"。

在品尝蛋糕的美妙时刻，荣泽妈妈告诉大家，她还带来了自己制作的甜甜圈。自制的甜甜圈顿时吸引了孩子们和家长的眼球，一小会儿，甜甜圈就被大家吃光了。大家对荣泽妈精湛的手艺赞美不已。语心妈妈说："你会做蛋糕，也教教这群孩子们呀。"这个提议瞬间得到了大家的积极响应。荣泽妈问孩子们："想现场看蛋糕是怎么做的吗？"孩子们都欢呼地答应着。

品尝了自己喜欢的蛋糕，孩子们在草地上玩起游戏。这时候，可乐小朋友激动地边跳边喊："今天好像森林蛋糕比赛呀，好多好多的蛋糕。"皓轩也激动地连蹦带跳："对啊，干脆开个舞会吧，小动物的蛋糕比赛也可

以开舞会呀，还可以一起跳舞。”孩子们一听都兴奋起来，在草地上喊：“蛋糕舞会开始了，蛋糕舞会开始了。”

“这个主意不错，那跳什么舞呢？”我问。可乐说：“蔡老师，用上我们昨天在班上跳的圆圈舞吧。”草坪上，孩子们不仅品尝了好吃的蛋糕，还举行了一个奇妙的蛋糕舞会。

教师小记

对于小班刚接触故事剧的孩子来说，父母的支持和陪伴对他们自信心的建立、对新鲜事物的接纳有很大的帮助。在故事剧的开展过程中，家长的主动参与对故事剧的推进也有着举足轻重的作用。在家长们的支持下开展的春游亲子蛋糕会为幼儿理解故事剧中动物们准备比赛蛋糕的情节积累了丰富的经验，而荣泽妈妈决定到班上来为幼儿现场做蛋糕，为幼儿了解蛋糕的制作过程提供了很好的平台。

（二）做最好吃的蛋糕

好吃的纸杯蛋糕

荣泽妈妈来到班级，教孩子们做纸杯蛋糕。能干的阿姨受到孩子们的热情欢迎。首先，她让孩子们观看了前期的制作步骤。紧接着，教孩子们先用汤匙和碗把食材混合，再进行搅拌，搅拌后，再把食材装入准备好的纸杯中，送入烤箱。孩子们充满期待地等待纸杯蛋糕出炉，大家都自信自己做的蛋糕最好吃，小脸上洋溢着开心的笑容，俨然都成了厉害的蛋糕师一般。

阿姨在做前期工作，孩子们在围观

搅拌食材

教师小记

纸杯蛋糕的制作过程让孩子们感受到了做蛋糕的乐趣。在搅拌鸡蛋、面粉和奶油的过程中，孩子们真实流露出的话语："我做的蛋糕最好吃。"和故事剧中小动物的想法一模一样，做纸杯蛋糕的真实体验让孩子们自然地和剧中小动物的内心情感联系在了一起。铺垫了后续开展的故事剧排演。

把食材装入纸杯

（三）玩最好吃的蛋糕

1. 美工区里的"纸杯蛋糕"

孩子们在制作"纸杯蛋糕"

孩子们的作品

一天，孩子们正在美工区商量用彩泥做什么，思滢说："你们看，美工区有纸杯，我想做纸杯蛋糕。"一听说美工区有纸杯，孩子们都跑了过去，拿起纸杯，说起了自己想做的纸杯蛋糕。有的说："我想做红果子蛋糕。"有的说："我想做青苹果蛋糕。"有的说："我想做蓝莓蛋糕。”孩子们边说边动手操作。只见宁宁选择蓝色的彩泥将杯子填满，再在上面装饰了蓝色的小圆球，她说：“这是四个蓝莓，杯子里蓝色的彩泥是蓝莓汁做的蛋糕胚。”做青苹果蛋糕的思滢说：“都是蓝色不是很好看，我的青苹果蛋糕上面是粉色的奶油花。”孩子们就这样互相欣赏着彼此的蛋糕，还给蛋糕取了各种有趣的名字。

2. 沙池里的“叶子蛋糕”

沙池玩沙的主题依旧是建构“蛋糕”，之前，孩子们已经进行了两次蛋糕的建构游戏——纸杯蛋糕和甜甜蛋糕店，对蛋糕胚的制作有了一定的经验，在甜甜蛋糕店游戏中，有的孩子们尝试合作，制作成的蛋糕效果不错。这周，我鼓励他们继续进行蛋糕制作的合作建构。

玩沙的时间过半时，语心过来拉着我的手说：“蔡老师，你过来看看，我们做了一个宝石叶子蛋糕。”只见她把沙池上面大树落下来的叶子装饰在堆好的蛋糕上面。我一看，夸奖她说：“很有创意的蛋糕呀。”孩子们注意到语心这儿的动静，也纷纷到沙池上去捡落叶，装饰到自己的蛋糕上。

装饰蛋糕

思滢那组的孩子找到了埋在沙池里面的蜥蜴玩偶，她把玩偶装饰到了蛋糕的中间，他们开心地给蛋糕取名字：“蜥蜴蛋糕，蜥蜴蛋糕，有人要吃吗？快来买啊。”旁边的小伙伴看见了赶紧过来说：“我想吃，我要买，我要买”。孩子们自然融入创造性游戏“蛋糕店”，趣味十足。

融入“蛋糕店”游戏

教师小记

在沙地建构中，孩子们自然迁移蛋糕装饰的经验，利用身边有趣的自然物装饰蛋糕，将创造性游戏的玩法与玩沙活动整合；主动运用语言给蛋糕取名字，将自己对不同口味的蛋糕认识经验进行迁移和表达。游戏中，我发现孩子们对蛋糕的装饰非常感兴趣，是激发幼儿融入故事剧的一个契机。我决定将继续营造幼儿欣赏不同蛋糕装饰美的氛围，整合生活和其他领域的资源，让幼儿通过欣赏感受和体验更深入地融入故事剧的第二幕动物做蛋糕的情节中。

3. 装饰喜欢的蛋糕

美工区里，孩子们在主动设计自己喜欢的蛋糕的图案。铭轩说："我喜欢三层的蛋糕，我要把它画下来。"艾迪一听也说："我想画有草莓的蛋糕。"宁宁说："我要在蛋糕上画上乔治（她弟弟）。""哈哈哈"……欢声笑语中，孩子们拿起了画笔，画着自己喜欢的蛋糕。宇珅画了一个巧克力蛋糕，他说："我和大象一样也喜欢巧克力蛋糕。"铭轩说："我也喜欢，我画的蛋糕是要小动物们一起做的，三层的，很大哦。"宁宁说："我画的可是森林里其他动物要比赛的蛋糕呢。"艾迪说："我的是狐狸做的蛋糕呀。"……我将孩子们完全沉浸在筹备美味的蛋糕情境中。孩子们的作品《最好吃的蛋糕》一一张贴在主题墙中。

教师小记

从孩子们由体验做蛋糕而发起的自主设计蛋糕的行为可见，孩子们对做蛋糕的事有了浓厚的情感。而在表征的过程中，孩子们又主动地联系绘本故事的情节：动物们喜欢做什么样的蛋糕。并充分发挥想象力，有的孩子还拓展联想了绘本中没有提及的动物可能会喜欢什么样的蛋糕，并非常投入地和同伴进行讨论。由此，我们可以看出孩子们已经深深地投入《最好吃的蛋糕》这个故事之中。

4. 亲子合作"泡沫蛋糕"（制作表演道具）

美工区，一个孩子不小心将一个纸杯蛋糕散落在地板上，居然没有坏掉。暄容说："这种蛋糕摔了也不会坏。"调皮的他们居然拿起来又扔了一次，边扔边模仿故事里的动物说："不公平，狮子没有吃我的蛋糕。"

这个偶发的小事件激发了孩子们间的共鸣：彩泥蛋糕可以重复使用。为了更好地筹备故事剧，教师邀请家长到幼儿园参加亲子活动，和孩子们亲子制作表演道具。

活动这天，先由孩子们描述自己喜欢的蛋糕形状和口味。

关于蛋糕的外形，有的孩子说："我喜欢心形的蛋糕。"有的孩子说："我喜欢圆形的蛋糕。"还有的孩子说："我喜欢两层造型的蛋糕。"

关于蛋糕的口味，有的孩子说："我想扮演兔子，所以我要做萝卜口味的蛋糕。"有的孩子说："我想当长颈鹿，要做红果子蛋糕。"有的孩子说："我喜欢抹茶蛋糕。"

之后，家长和孩子们一起动手制作。大家先给蛋糕胚裹上奶油——彩泥，裹上奶油之后，孩子们开始在蛋糕胚上装饰。有的做了爱心红果子蛋糕，有的做了可爱的萝卜蛋糕，有的做了巧克力蛋糕等等。完成的蛋糕被统一放在走廊外面的柜子上风干。孩子们每天走到走廊都要和小伙伴谈论一番自己做的蛋糕。

家长和孩子一起动手装饰蛋糕

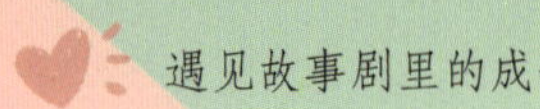

有的说："我觉得这个巧克力蛋糕最漂亮。"

有的说："悦恩的红果子蛋糕很像绘本《你真好》中的蛋糕。"

有的说："这个萝卜太像真的了。"……

介绍自己的蛋糕

作品展示

教师小记

绘本故事中小动物们都带着自己做的蛋糕参加蛋糕比赛，狮子大王只吃了小兔的蛋糕决定小兔获第一名，而后动物们就把蛋糕扔了。因此，故事剧表演中的蛋糕必须是能"扔"的，而且必须是动物们喜欢的各种蛋糕。活动中无意间出现的小事件，让我们在选择用什么材料进行蛋糕制作有了灵感：用泡沫做蛋糕胚，用彩泥装饰。

（四）我的角色我做主

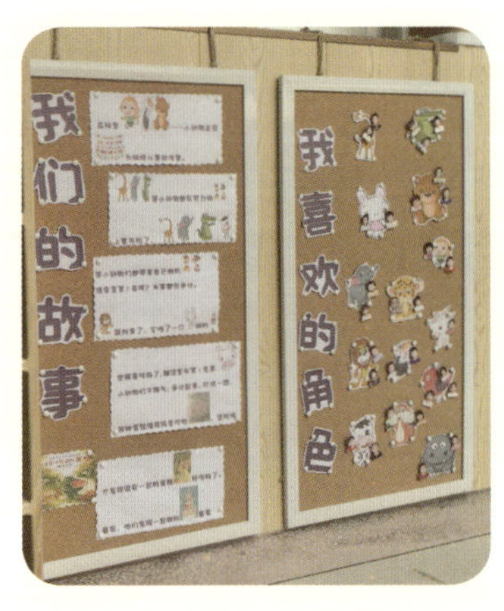

我在表演区中创设软木板，利用孩子们的头像制作了可以灵活取放的选角贴，根据故事里的角色选择动物形象装饰磁性板，方便每一个孩子灵活取放，选择每天想扮演的角色。从而，孩子们熟悉了故事剧里的每一个经典角色，通过演绎不同角色，孩子们也更加熟悉故事的内容和情节。

1. 谁来扮演乌鸦

六一前夕，孩子们想在家园同乐晚会中把故事剧《最好吃的蛋糕》呈现给爸爸妈妈，既然要让爸爸妈妈看故事剧的表演，那就需要一次全体小朋友共同商量的选角。我让孩子们回家想想自己想扮演什么角色。

周二故事剧活动的时候，我们统一进行选角。我告诉孩子们拿好自己的头像贴，想好自己的角色就贴在相应动物的旁边。女孩子们大多选择演小兔（小兔有四个人），一个男生也选择扮演小兔（但因为表演区孩子们已经非常习惯自由选择角色，所以没有异议）；乌鸦没有人选择。我说："有哪个孩子想扮演乌鸦吗？它可是蛋糕比赛的主持人。"孩子们都说不愿意。我问："为什么呢？"可乐说："乌鸦黑黑的，我不喜欢。"我说："那可以装饰它的衣服呀。"瑞霖说："乌鸦又没拿蛋糕，我不喜欢。"悦琪说："我就喜欢小兔子。"……讨论了一个上午，没有结果，我请他们再想想。

下午，林烨说："蔡老师，我想演乌鸦了。"我问："为什么？"林烨说："我觉得乌鸦挺可爱的，它还敢把狮子大王请来当裁判。"一听说林烨要当乌鸦，有的孩子不同意，理由是：林烨说话不清楚，小动物们会听不懂。我说："可是，你们没有人愿意当乌鸦的时候，林烨自愿报名了，他很想当乌鸦，有什么办法能让小动物们听得懂呢？"这下提意见的孩子们好像意识到自己不太礼貌，也帮忙想办法了，"要不让林烨多练习几遍吧"，"要不我们帮助他"，"要不把台词改简单"……

"比赛开始，请小动物们入场。请狮子大王颁奖。"林烨念着简单的台词，非常自信地扮演乌鸦。

教师小记

这个选角的过程，打破我"小班的孩子并没有像大班的孩子们自主意识那么强烈"的想法；当然，对选角的自主意识，也源自他们之前每一次扮演的体验。通过体验，孩子们有了一定的角色倾向性，所以，在选角上他们有他们喜欢的理由，也能对小伙伴是否能胜任这个角色提出自己的看法。同时，在选角上，他们以自我为中心的特点强烈，

正是这个年龄特点表现出"我就喜欢……""即使我不想扮演这个角色，他人扮演，我还有意见"的有趣现象，让我们更加感受到他们的真实和可爱。

2. 爸爸妈妈的参演

一天早上，思滢在班上突然聊到她想让爸爸来扮演大象爸爸，因为她的爸爸非常魁梧而且高大，她说："选择扮演大象爸爸的曾彦个子太小了，根本不像。"她这么一说，其他的孩子也跟着附和起来，孩子们纷纷说："那我也想我妈妈来演长颈鹿妈妈"，"我妈妈可以演鳄鱼队长"……孩子们对爸爸妈妈来演故事剧的事情突然有了很大的兴趣。我说："不知道爸爸妈妈是不是愿意来演故事剧，如果你们想，可以试试看。"

班级的家长在微信上经过一晚上的讨论，决定由思滢爸爸、茗轩妈妈、暄容妈妈参演故事剧中第二幕的大象爸爸、鳄鱼队长和长颈鹿妈妈。

三位家长非常认真，为了深入了解故事中的角色和情节，在排演的过程中好几次请假参与了孩子们的故事剧表演排练。展演当天，他们的出场让孩子们更加投入地参与故事剧的表演，也让在场的其他家长深受感动，毕竟这是孩子们人生当中第一次在舞台上表演故事剧。

教师小记

整个故事剧主题活动的推进过程中，我们充分利用家庭资源，让家长参与。故事剧的开展中，我们家校通力合作，通过邀请家长进学校，教孩子们现场做蛋糕；请家长和孩子们一起制作蛋糕比赛的海报；家长和老师一起组织开展了户外春游蛋糕会；家长和孩子们一起制作蛋糕道具等活动。所有的家长跟随孩子们的脚步，一起推进故事剧。最后，孩子们主动邀请下，家长们共同商量，推荐合适的人选参与故事剧中大象爸爸、长颈鹿妈妈、鳄鱼队长的演出，孩子们在爸爸妈妈的带动下，更加自信参与表演故事剧，感受表演故事剧的快乐。

排练表演——

（一）筹备蛋糕比赛

第一幕剧情简介：森林举行蛋糕比赛，小动物们兴奋极了，为了庆祝蛋糕比赛，小动物们（孩子们）决定装饰森林，营造热闹的比赛环境，并自主分发设计的海报告知森林里的小动物。

1. 我眼中的森林（自主布置比赛场地）

孩子们结合家里过圣诞节的经验，收集家里的圣诞树来布置森林。

第一天的表演区，一棵棵树围成直直的一排，带头布置树林的茗歆说：“我和爸爸去旅游的时候看到北方有的小树是直直的一排排像排着队。”

第二天的表演区，小树林发生了变化。孩子们随意地把小树摆在不同的位置，他们说：“在这样的树林里小动物们可以玩捉迷藏的游戏，不易让小伙伴发现。”孩子们觉得这片树林的造型有点意思，于是，连续好几天，小树都是被随意分布摆放。

隔了几天，宁宁把树林摆成有点弧形的造型，她说：“这样的树林更漂亮，叫波浪形小树林。”借鉴了小伙伴的经验，阿斐有了有趣的创意：她把小树林摆成一个大大的圆圈，装扮成一个漂亮的“蛋糕树林”（这是她给树林取的名字），阿斐说：“蛋糕比赛在蛋糕树林里进行，好特别。”

在孩子们的创意中，表演区的小树林每天都格外特别，仿佛蛋糕比赛在不同的场景中进行着……

2. 制作比赛海报（自主推进的故事剧情节）

有的孩子们提出：“我们要赶快把比赛的消息告诉小动物们（小伙伴），让更多的动物都来参加比赛。”为了让这个有趣的想法变成可表演的情节，孩子们回家邀请了爸爸妈妈一起制作比赛海报，完成后带到了表演区。每次表演，孩子们都兴奋地把海报分给后台等待表演的同伴。

教师小记

此游戏过程中，为了支持幼儿的游戏灵感，我借助美工区的创作氛围，和幼儿共同讨论海报的设计，激发幼儿创作灵感；通过亲子互动的形式，让家长和幼儿共同设计海报，从而参与幼儿的故事剧表演游戏中。给予幼儿自由宽松的游戏氛围，进而让幼儿在愉快的游戏中进行角色扮演，支持幼儿和同伴进行角色互动（分发海报），在自然的游戏中表演并推进故事剧情节的发展。

（二）做蛋糕参赛

第二幕剧情简介： 小动物们收到海报，都开始积极制作蛋糕参赛。第一个做蛋糕的是长颈鹿，它现场摘红果子（自主推进的故事剧情节）做红果子蛋糕；第二个做蛋糕的是大象，它做的是巧克力蛋糕；第三个做蛋糕的是鳄鱼，它做的是可以玩的甜甜圈。

1. 亮片红果子

（第一个做蛋糕的是长颈鹿家，长颈鹿妈妈和小长颈鹿要做一个红果子蛋糕）孩子们事先没有考虑红果子道具，因此没有准备，更没有准备替代品。表演时，阿斐灵机一动，蹲下身子捡起装饰小树的彩带碎片，边捡边说："红果子成熟了，都掉地板了。"另一个长颈鹿宝宝茗歆见了，也学着，开始捡地上的小碎片。（孩子们都觉得这段突发的表演有意思极了，换角色表演的时候纷纷模仿，把小碎片当红果子）

教师小记

表演长颈鹿家做蛋糕，"摘红果子"是孩子们最感兴趣的环节。在这个环节的前期准备，孩子们开始只对摘果子的工具感兴趣，积极去收集生活中的道具为表演所用；而后，在表演情节的推动下，他们发现地板上的亮片可以变成红果子，于是，他们有了充分的理由，可以捡起自己喜欢的小亮片。孩子们的情绪更加释放了。之后，我启发幼儿思考除了可以碎片当红果子外，还可以怎样呈现红果子？在和幼儿商量，决定动手制作红果子后，我引导幼儿在美工区制作彩泥红果子，并鼓励幼儿自主将其装饰在树上。突发的表演，让我们看到幼儿是故事剧表演游戏中道具的创意者和制作者，教师应注意退居身后，给予引导和支持即可。

2. 搅拌搅拌巧克力，搅拌搅拌香奶油

（第二个做蛋糕的是大象家，大象爸爸要带着大象宝宝搅拌巧克力，做个巧克力蛋糕）表演前，子恒说："我最喜欢巧克力蛋糕了，我也想搅拌巧克力。"乐乐说："我们可以假装搅拌呀，像玩周三乐园搅拌沙子一样。"悦琪说："可是没有桶、勺子。"语心说："那想想办法呢。"

孩子们求助于我，我鼓励他们先试着寻找搅拌工具，孩子们想到了用美工区红桶，角色区的勺子当工具。

最后，表演时，小象宝宝在小树林里惬意地席地而坐，学着大象爸爸的样子，边搅拌边念着“搅拌搅拌巧克力，搅拌搅拌香奶油”。

教师小记

搅拌巧克力和奶油的游戏过程，我依旧退居幕后，只在发现他们有趣想法时给予他们精神上的肯定；在幼儿苦恼道具运用时，鼓励他们自主寻找游戏材料。我给予孩子们必要的支持，同时引导和激发他们主动尝试、参与表演的积极性。

3. 好玩的甜甜圈（自主游戏中的创意）

（第三个做蛋糕的是鳄鱼家）小鳄鱼瑞霖和曾彦用各种颜色的磁性玩具拼了一个又一个圆形，并在桌子上转了起来，这些圆形就是彩虹甜甜圈，而且是可以用来玩的甜甜圈。就这样，这段可以玩的甜甜圈游戏，被孩子们融入到鳄鱼做蛋糕的表演片段里。

教师小记

自主游戏是孩子们非常喜欢的游戏之一，因为他们可以在游戏中充分发挥自己的想象力，让浮现的有意思的想法在游戏中借助各种道具实现；在这个过程中，他们可以自己制作道具、运用道具、制定规则、与小伙伴合作游戏，满足他们的创造力和想象力。

游戏“好玩的甜甜圈”是孩子们在自主游戏时间开始进行的。孩子们通过观察甜甜圈的外形特点，运用磁性玩具的特性进行连接，组合成彩虹甜甜圈，并尝试让甜甜圈转起来、滚动起来。

这个游戏打破了甜甜圈只能被吃的惯性思维，同时孩子们还将甜甜圈和他们喜欢的故事剧《最好吃的蛋糕》发生联系，让故事剧的情节更加有趣，这就是自主的教育魅力。

（三）蛋糕比赛正式开始

第三幕剧情简介：比赛当天，主办方（树爷爷）请来狮子，小动物们都吓得躲在树林里的各个角落。狮子说，它是来当裁判的，小动物们才松了一口气。狮子裁判只吃了小兔做的蛋糕就判定小兔获得第一名。动物们生气了，吵起架，甚至把做好的蛋糕扔来扔去，所有的蛋糕都混在了一起。

1. 狮子当裁判（领域游戏的迁移）

（小动物们做好了比赛蛋糕，比赛就正式开始了。）狮子（教师扮演）走进了森林，小动物们看到狮子纷纷尖叫，并躲藏在树林的各个角落。狮子说："我是来当裁判的，你们躲起来干什么呀？"他们才从躲避的地方跑出来，开心地说："我们以为你是来吃我们的。"

教师小记

在后续游戏的推进中，我不设定固定的躲藏位置，鼓励幼儿自由选择躲藏空间，每次躲藏位置的变化都给予幼儿无尽的新鲜感，从而激发了他们更投入游戏演绎故事的角色的兴致。

2. 生气的动物们

（请孩子们用定格的方法表现出动物们生气的各种表情和动作）有的孩子叉着腰、有的孩子跺脚、有的孩子嘟起嘴巴……（孩子们把小动物们生气的样子表现得淋漓尽致，把第三幕这段充满戏剧性冲突的情节表现得非常生动）定格几秒后，孩子们把做好的蛋糕扔来扔去，所有的蛋糕都混在一起了。

教师小记

生气的情绪，每个人都有亲身的经历。故事剧开始之前，孩子们正在吃点心，其他小朋友都吃完了点心，就剩下郭嘉斐了，她还不小心把水洒倒在桌子上，可乐说："嘉斐把水洒了。"嘉斐一听，就说："哼。"可乐说："你还生气。"嘉斐接着叉着腰，瞪着可乐说："你才生气。"我看到这个画面，拍下了他俩生气的照片，故事剧活动一开始，我回放照片，就发生的事件引导幼儿分析，引导幼儿观察他们生气的表情和动作，有的孩子觉得嘉斐叉腰的动作表示很生气，可乐的眼神表示很生气。小伙伴生气的模样，能直接激发幼儿进行模仿表演的兴趣。

（四）合作做大蛋糕

第四幕剧情简介： 狮子尝到了一口混在一起的蛋糕发现：这才是最好吃的蛋糕。最后动物们决定合作做一个大蛋糕，蛋糕做好后，大家围着蛋糕开起了舞会。

1."花环"蛋糕

狐狸姐姐拿起候场时坐的塑料小椅子在场地中间摆了起来，边摆边说："做一个花环蛋糕吧。"狐狸妹妹一听觉得好玩，也跟着摆了起来，其他小动物见状也拿起小椅子到表演场地中间围了起来。大家把椅子围成一个圈，说是蛋糕胚，还在小椅子上摆上了和爸爸妈妈一起做的蛋糕，像花环一样，花环蛋糕做好了。

教师小记

在合作做大蛋糕的这幕中，由狐狸姐妹带头，用塑料小椅子做的花环蛋糕（自发创意），引发了幼儿对合作做大蛋糕的兴趣。其他小组都纷纷在区域表演中不断进行合作尝试，最终大家呈现了富有想象力各种大蛋糕、皇冠蛋糕、巨无霸蛋糕、爱心蛋糕等；这幕剧的表演，并没有事先设计特定的动作，所以展现了孩子们自然地做蛋糕的表现；教师通过同伴的榜样示范、点子分享，在做大蛋糕的情境中，激发幼儿主动合作的欲望，让幼儿在合作中发挥主动性和创造力；鼓励幼儿迁移建构经验和生活经验，运用身边的材料进行大蛋糕的创意制作，让第四幕的表演变得十分有趣。

2. 蛋糕舞会开始了

（第四幕合作做大蛋糕的环节孩子们非常喜欢，每一次他们都想出各种不一样的玩法来做蛋糕，每一次都非常投入，每一次挑战成功，做成新的蛋糕，孩子们总是欢呼雀跃，开心得不得了）今天，孩子们选择用小椅子做圆形的蛋糕。大家先把椅子围成一个圈，然后把彩泥蛋糕装饰在椅子上面。装饰好之后，子恒和格格都高兴地跳了起来，子恒围着蛋糕转着圈圈，曾彦大声地问："子恒你在跳舞吗？"说完，哈哈大笑，其他的小伙伴也开心地哈哈大笑。

子恒说："对呀，我在跳舞，可以开蛋糕舞会了。"

思滢说："蛋糕舞会呀，也可以跳圆圈舞呀。"

"好呀，好呀。"小伙伴一听都大叫起来。大家迅速拉起小手，围成一个圈，唱起了上回在东湖公园和爸爸妈妈们一起跳的圆圈舞。

（五）公演剧照

后记——

故事剧《最好吃的蛋糕》的主题来源于孩子们日常游戏:“过生日”，在游戏中接触到的蛋糕，是他们生活中熟悉且喜欢的一种食物。由孩子们喜欢的绘本《最好吃的蛋糕》，师幼共同选择了以蛋糕比赛为主线，将孩子们喜欢的各种森林中的动物角色、喜欢吃的蛋糕充分联系在一起，在故事剧中展现一起做蛋糕的情景；充满生活化的故事情节和游戏化的故事情景，激发了幼儿进行绘本欣赏、故事理解、深入推进故事剧的欲望，为故事剧的展开做了很好的铺垫。

《纲要》指出:“幼儿园必须以游戏为基本活动。”同时，游戏也是孩子们最喜欢的学习方式之一，在故事剧的推进过程中，我们秉承游戏为主导的理念，让幼儿在游戏中自主推进故事剧情节的发展，并把幼儿因故事剧的引发的游戏情节融入到剧本中，让幼儿在自然的游戏中理解故事，表演故事。孩子们在故事剧的推进过程中，充分发挥自己的生活经验、想象力和创造力，比如，在活动中迁移沙地建构游戏、区域游戏、自主游戏中的游戏经验；在故事剧中融入椅子做蛋糕、好玩的甜甜圈等游戏情节，让故事剧再现幼儿真实的游戏情景，让幼儿在游戏中表演，在表演中体现幼儿自主游戏的影子。

在整个故事剧主题活动的推进过程中，我们充分利用家长资源，让家长参与到班级的故事剧中当中来，让孩子们在爸爸妈妈的亲自带动下，更加自信参与故事剧，表演故事剧。

写到这，我突然很感恩这些可爱的孩子们，作为小班的孩子，这是他们第一次接触故事剧，在每一次的推进中，他们饱含热情，积极投入，大胆想象，乐于创造。每一段故事剧的情节他们都能将喜欢的游戏的经验融入到故事剧的表现中，让故事剧的每一个片段都能看到他们欢喜表演的模样，我觉得这点异常重要。因为快乐，方能爱上故事剧；因为创意，方能玩转故事剧。

第二篇

与经典名著的融合

西游记之游女儿国

（大班）

缘起——

当听到我们班确定要演《西游记之游女儿国》的时候，所有人都问道："什么？你们班的孩子要女儿国？让这些小不点来演绎《西游记》里唯一的一场感情戏，会不会太超前了？"我笑着解释："我们大人看这个故事是感情戏，孩子看可不一定。"不过说这话的时候，我的心里是没有什么底气的，因为我也不知道孩子们最后会在舞台上呈现出怎样的效果。

我用了半个学期的时间，给孩子们讲《西游记》，希望他们在反复的倾听中，建构自己对剧情的认识和角色的情感。最后投票选出最想表演的故事，居然是"女儿国"最终以压倒性的票数胜出。

在众多《西游记》的故事里，为什么"女儿国"最后会胜出呢？这里不得不佩服女生们的团结。那天，在投票开始前，女生们不约而同聚集在盥洗室里（我刚好在盥洗室里洗手），其中一个女生就对另一个女生说："待会要投'女儿国'哦。"而后这句话就像传声筒一样，在女生中传开了。男生显然没有女生的“拉票”意识，所以在投票选主题的时候，男生们基本遵照自己的意愿，有的选“大战红孩儿”，有的选“大闹天宫”，还有的选“偷吃人参果”……而女生很团结地按照约定投票，于是“女儿国”以19票赢得了胜利。

看到结果，女生们顿时欢呼了起来；男生们则瞪着眼，气呼呼地嚷道：“这样没法演，这样没法演！”小塍不服气地说：“女儿国里都是女的，我们怎么演啊？”女生中马上有人站出来回应：“你们也可以演女生啊？戴一个假头发，再穿个裙子，就可以演了呀。”“我们才不要呢！”男生们马上反对。

眼看双方火药味甚浓，我赶忙安抚：“女儿国是大家投票选出来的，可是男生现在感觉有点麻烦，对吧？”听我这么一说，男生立马放松了警惕，都大喊：“是啊，我们男生才不能演女生呢？”“除了师徒四人，男生们，你们想想看可以在女儿国里演什么呢？”我继续追问他们，这时陈峻丞说：“我们可以改编啊，可以把其他的情节加入女儿国，这样就会有其他角色，那我们男生就可以演了”。听他这么一说，男生都嚷起来：“没错，女儿国里也要打妖怪。”“这主意不错，那我们就决定演西游记之游女儿国喽！”

主题发展目标

1. 愿意围绕老师提出的话题展开讨论，能有序、清楚地讲述自己对《西游记》故事的观点和看法。

2. 喜欢与同伴一起谈论跟故事有关的内容，能根据故事的部分情节，想象和创编表演情节。

3. 尝试与同伴合作围绕“唐僧师徒一路上降妖除魔”的主题进行小组绘画。能运用画、折、撕、贴等技能表现其中的场景。

4. 喜欢折纸活动，能掌握角对角、边对边、双三角形等折法。

5. 喜欢参与道具制作活动，能够与同伴商量，共同动手制作自己扮演的角色的道具。

6. 懂得好朋友之间要相互帮助，遇到困难能一起克服。

7. 能倾听和接受同伴关于表演的意见，不接受时会说明理由。

8. 欣赏同伴表演，愿意用较形象的动作、表情、语言等方式表达自己对角色的理解。

9. 积极参与故事表演，能用律动或简单的舞蹈动作表现故事中的剧情内容。

过程推进——

（一）剧情编构

或许在成人眼里，故事“女儿国”里最动人是女王和唐僧的“爱情”，可是对于孩子们来说，打妖怪才是女儿国里必不可少的故事。在确定主题后，班级每天的晨间话题都围绕着：“要出现什么妖怪？最后怎么救唐僧？”进行讨论。

轩轩：“假装女儿国里面也有一棵人参果树，然后国王要请唐僧吃，唐僧不敢吃，国王就生气了，就把唐僧抓起来。后来猪八戒和孙悟空才去救师傅。”

萌萌：“国王怎么会吃唐僧呢？这个国王不是妖怪，她很喜欢唐僧，不会吃他的。”

小毅：“我们也在女儿国里逗三仙吧？”

昊昊：“那三仙也只有三个，我们那么多男生怎么办？”

好好：“逗三仙不好演。我们又没办法真的把东西变来变去。”

黄霖：“我觉得在女王和唐僧游花园的时候，突然从水池里跳出一些妖怪，就把唐僧抓走了。”

小凯：“对对对，可以跳出很多个妖怪。”

峻丞：“哈哈，水里跳出来的就是龟、鳖怪了。”

多多：“那我们女生可以演花园里的花，男生可以演大树。”

凌峰：“我喜欢演树，哈哈，不用说话啊。”

萱伊：“没错，我看电视剧的《西游记》，妖怪要出场的时候，都会刮一阵风，于是花和树就倒下了，然后妖怪就把唐僧抓走了。”

……

孩子们你来我往，表达着自己对剧情的想法，经过整整一周的团体讨论，最后，我们剧本一共编出了四幕，第一幕：师徒出场，第二幕：女王出场，第三幕：唐僧和女王游花园，第四幕：大战龟鳖怪。

（二）剧本：《西游记之游女儿国》

第一幕：师徒出场

师徒四人边念儿歌边出场："唐僧骑马咚那个咚，后面跟着个孙悟空，孙悟空跑得快，后面跟着个猪八戒，猪八戒鼻子长，后面跟着个沙和尚，沙和尚挑着箩，眼看到了女儿国，女儿国。"

唐："悟空，为师肚子饿了，你去化些斋饭吧。"

孙："八戒、沙师弟，你们好生照顾师傅，我去去就来。"

猪："猴哥，你快点，俺老猪的肚子都饿了。"

（孙悟空下场）

唐："悟净，这附近可有水喝？"

沙："师傅，我去找找。"

猪："快去，快去，我都渴死了！"

沙："你照顾好师傅，我马上就回来！"

（沙僧下场）

猪："这猴哥去了这么久，还不回来，肯定是去哪玩了。"

唐："八戒，不要着急，耐心等待。"

（沙僧手提两瓶矿泉水上场）

沙："师傅，师傅，水来了。"

猪："太好了，俺老猪先解解渴。"

沙："二师兄，你慢点喝。"

唐："啊哟，我这肚子怎么有点疼。"

猪："啊哟，啊哟，疼死了！"（满地打滚）

沙："啊？这是怎么回事？大师兄，大师兄，快回来啊！"

（孙悟空出场，手提饭盒）

孙："沙师弟，发生什么事了？"

沙："我给师傅他们喝了矿泉水，他们就变成这样了！"

唐："悟空，快想想办法！"

猪："呜呜，俺老猪的肚子这么大，难道是要生娃娃了！"

孙："这可怎么办？（抓耳挠腮，突然举棒打在地上）土地，土地，快快来见。"

（观众群中扮演土地的家长站立）："大圣，叫我有何事啊？"

孙："我师傅和师弟喝了这河中的水，怎么就肚子疼了呢？"

土："哎呀，这河是子母河，子母河的水可不能随便喝，喝了会生宝宝的。"

孙："啊？这可怎么办？"

唐："啊？快快想想办法！"

猪："哇哇哇，糟糕了，我真的要生小八戒了！"

土："大圣莫急，这五十里外有座谢阳山，山上有个聚仙庵，庵里有个落胎泉，喝了里面的泉水，肚子就好了。"

孙："多谢多谢（转身看向沙僧）！沙师弟，你照顾好师傅和八戒，我去去就来。"

沙："大师兄，你去吧！"

猪："猴哥，你快点啊，老猪要疼死了！"

（孙悟空返场，手提两瓶药水）

孙："师傅，我来了，快快喝下这药水。"（悟空照顾师傅，沙僧照顾八戒）

唐："啊，这药水果真灵验！"

猪："哈哈，肚子变小了。"

孙："师傅，我们继续上路吧。"

唐："好，出发！"

师徒边念儿歌边下场。

第二幕：女王出场

行人一："咦，今天女儿国怎么来了这么多奇怪的人，姐妹们，我们一起去看看吧！"

众行人："我们快把这个消息告诉女王吧。"

（女王上场）

女王："今天我西梁女国热闹非凡，到底发生了什么大事？"

女官1："禀告女王，今天我西梁女国来了四位和尚，自称是大唐来的。"

女官2："有一位毛脸和尚，长得猴头猴脑。"

女官3："有一位胖胖的和尚，长得猪头猪脑。"

女官4："有一位奇怪的和尚，还戴着项链。"

女王："那还有一位和尚长得什么模样？"

女官5："那位和尚啊，长得白白嫩嫩。"

女官6："对，帅！"

女官7："没错，很帅！"

女官8："三个字。"

合："非常帅！"

女王："那快请唐朝的和尚进宫吧！"

合："宣大唐和尚进宫！"

第三幕：唐僧和女王游花园

唐僧："参见女王陛下！"

女王："听说你是大唐来的高僧？"

唐："贫僧乃东土大唐而来，去往西天求取真经。"

女王："你不远千里来我西梁女国，应该多休息几天。"

唐："多谢女王。"

女王："现在你可愿意和我去逛逛花园？"

唐："这？"

合："去吧，去吧！"

花仙1："好消息，好消息，女王和唐僧要来游花园了，我们赶快把花园装扮得漂亮一些吧！"

（《桃花朵朵开》音乐起，一群表演花朵的女生上场，并在音乐结束后摆出造型）

花仙2："大树哥哥，你们也来帮忙吧！"（一群男生扮演树，摆出各种造型，一只毛毛虫在树洞里穿梭）

（音乐起，女王携唐僧游花园，突然刮风，所有人倒下并退场）

第四幕：大战龟鳖怪

（龟鳖四人组上场）

龟精1："哈哈哈，终于让我们抓到唐朝的和尚了。"

龟精2："听说吃了唐僧肉可以长生不老哦。"

鳖精1："没错，今天晚上我们就把唐僧烤了吃。"

龟精1："不行，不行，烤着吃太上火，我们还是蒸着吃。"

合："好吧，好吧，那就蒸着吃，营养又健康。"

鳖精2："报！大王，不好啦，门口就有个毛脸和尚，叫我们还他师傅。"

龟精（1、2）："啊？什么毛脸和尚？"

鳖精1："哼，该死的弼马温，居然敢来我莲花池要人，兄弟们，带上武器。"

合："好咧！让他们看看我们龟鳖四人组的厉害。"（摆造型）

孙："大胆妖怪，快快还我师傅！"

猪："对，要不俺老猪砸了你的莲花洞！"

沙："大师兄，二师兄，你们要小心啊！"

龟、鳖（合）："哈哈哈，口气不小，想要师傅，先问问我们手里的盾牌答不答应！"

（音乐起，八人混战，孙悟空和猪八戒把龟鳖四妖压在地上）

孙："哼，这几个妖精留着也是害人，看我一棒送他们上西天。"

观音："悟空，莫急，莫急。莫伤他性命！"

合："参见观音菩萨。"

孙："菩萨，今天怎么有空来这莲花池呢？"

观音："这些妖怪，本是我莲花池里的龟和鳖，他们趁我不在，偷偷溜下凡间，惹是生非。"

孙："哈哈，菩萨，这就得怪你管教不严啦！"

观音："你这猴头，我现在就把他们收回去。"

合："多谢菩萨！"

观音："你们快快去救师傅吧！"（龟鳖四人随观音下场）

合："师傅，师傅！"（孙悟空、猪八戒、沙和尚下场）

（音乐起，女王和唐僧上场）

合："参见女王陛下！"

女王对女官说："拿关文来，祝你们早日取得真经！"（将官文递给唐僧）

合："多谢女王！"

（师徒下场，女王和女官随后摆出送别的造型）

（三）角色竞选

经过前阶段对剧情的讨论，我们的故事剧确定了唐僧师徒四人和女儿国国王等主要角色，另外还增加了女官、花、大树、龟鳖四人组、观音、童子等角色。这些角色里只有女官、花、大树的角色不需要竞选，其他角色都必须竞选，由大家投票决定。为了让每个孩子有充足的时间考虑自己想扮演什么，我们打印了一张角色表，贴在表演区，让孩子们在一个星期内对自己的角色做出选择。于是在这个星期里，选角就成了孩子们的大事儿。

孩子们认真地填写自己想扮演的角色

1. 选角话题：谁是女儿国国王

在这个故事剧里，分量最重的自然是女儿国国王一角。故事里，女儿国国王美丽温婉、楚楚动人，因为需要竞选，并没有很多女生选择这个角色。不少女生在一番考量后，都选择了女官和花朵的角色，最后只剩嘉嘉和萱萱参加女儿国国王的竞选。巧的是，嘉嘉和萱萱在平日里是一对好朋友。于是，这对好朋友开始频繁地讨论起谁适合演女儿国国王的话题。

嘉嘉："我真的很喜欢当女儿国国王。"

萱萱："女儿国国王个子要高一点才像。"（萱萱是高个子女生）

嘉嘉："也不一定，也有个子小一点的女儿国国王啊。"

萱萱："可是《西游记》里面这个女儿国国王就是个子很高啊。"

嘉嘉："我下次找一本公主的书给你看，里面的女王也是个子小的。而且《西游记》里的女儿国国王是很温柔的，我觉得你有时候很凶，不像女儿国国王。"

萱萱："可是我表演的时候可以很温柔啊。而且女儿国国王有时候要凶一点，女官们才会听她的话。"

萱萱正在安慰落选女王角色的嘉嘉

到了竞选的那天，嘉嘉特意穿上了爱莎公主的服装，希望能在造型上占据一些优势，但结果还是萱萱赢得了女儿国国王的角色。当孩子们投票结束后，伤心的嘉嘉跑进了洗手间，放声大哭，萱萱连忙跟进去，安慰她："嘉嘉，你不要哭了，你想想女儿国国王的宝座那么高，你个子这么小，要是坐不上去怎么办？"听完萱萱的话，嘉嘉哭得更厉害了。

按照原先的约定，没有竞选上想要的角色，可以继续选择其他的角色，可是嘉嘉不止一次地和我说："燕子老师，我只喜欢女儿国国王，其他角色我都不喜欢。"于是，我试图引导她："你可以选择当女官啊，女官也很威风哦。"嘉嘉撇了撇嘴，表示不喜欢。"或者你可以考虑一下当花，听说花的服装特别美哦！"嘉嘉的眼睛亮了一下，她说回家问问妈妈。第二天上午，嘉嘉蹦蹦跳跳地跑来告诉我："燕子老师，我想好了，我要当女儿国国王花园里一朵最美的花。"我一边和她击掌，一边鼓励她："我相信你一定会是花园里最美的一朵花。"

2. 选角话题：最帅的猪八戒

师徒四人中，唐僧、孙悟空和沙僧的角色很快就各有其主了，只有猪八戒这个角色迟迟没有人选。孩子们说："哎呀，猪八戒那么好吃懒做，谁想当啊！""猪八戒长得最丑了，我们不喜欢。"我故意露出惊讶的表情："谁说猪八戒长得丑？你们见过他当天蓬元帅的样子吗？而且我告诉你们哦，扮演猪八戒的马德华伯伯长得可帅了！"说完，我从网上搜了一张相片给大家看，并且流露出可惜的神态，说："唉，猪八戒这个角色在我们戏里可重要了，如果没有它，师徒就剩三个人，还怎么去取经呢？"没想到，我话音刚落，浩浩就站起来对我说："如果没有人选猪八戒，那就我来演吧。""哦，这真是太好了，你怎么会突然改变主意呢？"浩浩原先选的是大树。浩浩不好意思地笑着说："你不是说猪八戒很帅吗？我妈妈也经常说我很帅，所以我可以演好猪八戒。""谢谢你选择了猪八戒的角色，你肯定是史上最帅的猪八戒。"听我这么一说，浩浩笑得更开心了，女孩子们更是嚷嚷起来："哦，浩浩是最帅的猪八戒！"

浩浩最终决定扮演猪八戒

3. 选角话题：一只毛毛虫

小柯参与了孙悟空、沙僧、龟鳖四人组的几个角色竞选，可是都失败了，他彻底生气了，气呼呼地说："我不想演了，我只要当观众。"看到他正在气头上，我先表示同意，并安抚道："好吧，那以后小朋友在排练的时候，你可以去当观众看看，说不定你会改变主意。"那一天，刚好轮到大树们排练，我便拉上他一起去看看（我的本意是想在观看的过程中找机会让小柯加入大树小队的表演），小柯有些不情愿地跟着我坐在表演区，看着扮演大树的男生们怎么用身体摆出树的造型。

参与排练后的小柯决定扮演花园里的毛毛虫

我问小柯：“你觉得当树有意思吗？”

小柯摇摇头说：“没意思，一直站着，又不好玩。”

“那你可以想想怎么当一棵好玩的树啊？”

“可是树又不能一直动，又不是树上的虫子。”小柯嘟囔道，突然他跳到了一个树洞里。

“你这是扮演什么呢？”扮演大树的陈峻丞问。

小柯说：“我扮演树洞里的小松鼠。”哈哈，孩子们都笑开了，

陈峻丞说：“小松鼠应该是树上的，你在树底下应该是毛毛虫或者小刺猬。”

“那好吧，我就当毛毛虫吧。”

于是在女王的花园里，有各种花，各种大树，还有一只调皮的毛毛虫，穿梭在各个树洞之间。

年纪最小的桐桐正在竞选观音的角色

4. 选角话题：观音驾到

如果说女儿国国王是女主，观音就是女二号。观音角色深受女孩子们喜欢，有五个女生竞选了这个角色。在竞选当天，这五个女生居然不约而同地穿上了白色纱裙。看来，观音仙气飘飘的形象已经深深印刻在她们心

中。为了选出最有仙气的观音，我们采用了两轮比赛，第一轮比说台词，第二轮比舞蹈。两轮过后，孩子们便开始投票，出乎意料，五个女生当中，年龄最小的桐桐以微弱的优势赢得了观音一角。

看到这个结果，其他四个女生都噘起了嘴，涵涵更是不服气地说："燕子老师，桐桐妹妹那么小，怎么能当观音呢？"她这么一说，我也发现在五个女生中，桐桐的个子确实是最矮的，而按照约定，四个落选的高个子女生要扮演观音身边的"童子"，站在娇小的观音身边，画面确实不够和谐，这可怎么办？我对桐桐说："你能想个办法？"聪明的桐桐说："我看电视上演的观音，经常坐在莲台里，我们也可以弄一个莲台，我坐在上面，让其他童子把我推出来就好了。"桐桐的这个想法，得到了大家一致的认可，那四个原本不太乐意的童子，听说可以推着莲台出场，也觉得新鲜极了，不快的心情瞬间消失。

5. 选角话题：谁是土地公？

"怎么没有人选择土地公的角色呢？"当看到土地公的对应格是空缺的时候，我有些纳闷地问孩子们。"我们不喜欢当土地公。""土地公长得那么小，一点都不像神仙。"没想到孩子们居然这么嫌弃这个角色，"那怎么办呢？土地公在这个故事里很重要呢！"我有些头疼，心里想着要不要继续说服孩子们，这时，婷婷突然举手说："我们也可以请爸爸妈妈演嘛！""什么意思？"婷婷笑着说："我觉得我爸爸长得很像土地公。""啊？"全班的孩子都望向了婷婷，婷婷有些不好意思地说："有一次，我和爸爸在看《西游记》的电视，我爸爸就学土地公说话，我觉得他学得很像。""嗯，婷婷的建议不错，到时候孙悟空的金箍棒在台上一敲，婷婷爸爸扮演土地公就从台下站起来，哇，那感觉真是太好了。"听我这么一描述，全班都欢呼起来。

婷婷爸爸自制了土地公的帽子

第二天，婷婷一进班级就激动地说："燕子老师，我爸爸同意扮演土地公，他想和我们一起演女儿国的故事。""太棒了！我相信我们的表演肯定会很精彩！"

教师小记

一系列的选角故事发生后，每个角色都尘埃落定。我很欣慰孩子们都能坚持自己的想法，成就了一个个性鲜明的自己，如一心做着女儿国国王梦的嘉嘉、屡战屡败却创造了独一无二的毛毛虫角色的小柯、年纪虽小却聪明伶俐的桐桐。也许他们在这个过程中有过惊喜，也有过失落，但是相信孩子们能在这样的经历里收获成长、收获智慧。

（四）环境创设

对于孩子们来说，《西游记》的故事并不局限于表演女儿国，在活动的每一个细节，他们都可以玩出西天路上的惊险故事。

孩子们最喜欢花果山的小猴了，他们用手工纸折出了各种仙桃，又画出了可爱的小猴子贴在树上

随着孩子们对《西游记》故事的深入了解，取经路上的各色妖精“征服”了班级的女生们，美工区，她们正在纸皮上面画各种公主款的妖精。

（五）区域活动

动作区，昊昊正在玩八戒滚珠的游戏

美工区，孩子们正在制作盘丝洞里的小虫子

美工区，孩子们用中型花片拼出气势恢宏的凌霄宝殿

美工区，孩子们正在画自己喜欢的剧情

结构游戏中，孩子们把一堆乱糟糟的杯子变成一条弯弯曲曲的小河

户外活动中，女生系上披风，扮演各款妖精

（六）道具制作

几个小女生正在用牛奶箱子和塑料椅子，尝试给女王做了一把龙椅

排练表演——

（一）我的表演我做主

唐僧师徒组

选择完角色，我们的故事剧就进入到排练表演的环节了。以前总是老师组织孩子表演，这次我放手让孩子们自己做主，自己排练。根据之前的角色竞选，孩子们共分成了四组：唐僧师徒组、女王女官组、小花树木组和龟鳖四人组。这四组的孩子又分别选出四位组长，利用区域时间带领同伴进行排练。老师在一旁观察，根据实际情况确定是否需要介入指导。

女王女官组

小花和大树们

上午表演区的时间轮到小花树木组排练了，负责小花队的吴尧麓和大树队的张凯煌协商一下，决定由小花队先出场，尧麓对队员说："你们可以自己摆个造型扮演小花。"很快，谢萌、苏馨、何枧浛、苏嘉韵和杨雨林五个孩子站成了一排，谢萌说："我们五个人连起来就是一片花丛。""没错，我们就是一棵树上开出的五朵花。"苏嘉韵补充道。谢萌和苏馨用双手托着下巴，做出花的样子，苏嘉韵看了看，把原本举起来的手放了下来，双手合十放在嘴边，自己咕囔道："我不喜欢和别人一样，我就当一朵还没有开出花的花骨朵吧。"组长吴尧麓和周芷萱半跪在地上，一个伸出左手，一个伸出右手，手腕相碰表示同一朵花："燕子老师，你看，我们是一朵双胞胎的花。"

双胞胎花

大树队出场的时候，7个男生分成了三小队，张凯煌、陈昱涵、陈峻丞把双手举高，变成了一棵粗壮的树；曾煜铭自己找了一个空地，把双臂打开，他说："我是一棵比较小的树。"蔡凌峰、谢允瀚、黄昱燊则手牵手围坐在地上，他们说："我们还是坐着比较舒服，我们是矮矮的灌木。"树木们讨论并摆好造型。这时，柯俊鸿突然钻进了张凯煌那队的树洞里扮演毛毛虫。他对这个新角色很是满意，一会从这个树洞爬到另一个树洞，一会又躺在地上打滚。

当小花和大树都设计好造型后，他们开始问："老师，妖精什么时候出场啊？"我说："等女王和唐僧游到池塘边，突然刮起一阵风，就代表妖精出来了。"齐麓补充道："妖精刮起一阵风，我就晕倒吧。"她的话音刚落，所有的孩子七倒八歪地倒在了地板上，当《女儿情》的音乐响起时，小花和大树都跟着音乐轻轻地摇摆，我想起孩子们说的，突然"呼呼"地吹了一下，他们马上倒在了地上。"这样真好玩，我们再来一次吧。"孩子们都喊起来。

教师小记

1. 每一次和孩子共同排练，我都觉得度过了一段特别富有生命力的时光。从"小花小队长与大树小队长协商—小花小队长发出'你们摆个造型'的指令—7名扮演小花的孩子们自动分成两组—摆出两组完全不同的造型"，我看到了他们的分工与合作。

2. 小花队的孩子们做出了花丛和花朵的造型，并且用语言解释了它们的不同。大树队的三组造型更令人惊叹，一棵是粗壮的大树，一棵是单独的小树，还有一丛矮矮的灌木。而一开始不太喜欢扮演树的小柯却在当下的情境中萌发出当一只小毛毛虫的愿望，一下子让花园充满了生机。孩子们在短短的时间里呈现出这些造型的时候，我真的觉得他们是天生的剧作家，在他们的脑海里一定有一个无比美丽的童话世界。

3.“表演伴随着游戏”是最受孩子们喜欢的形式，无论是毛毛虫的钻树洞，还是最后集体晕倒，他们都乐此不疲地要求“再来一次”，说明每个孩子都投入其中，并享受着表演和游戏的乐趣。

4.在前期确定完角色的时候，有些小花组的孩子有些沮丧：“我们小花都没有什么戏。”此时，我及时给予支持，比如利用全班讨论和分享的机会，肯定他们的想法和努力，让孩子明白在表演中任何一个角色都可以出彩，只要你肯用心。教师还可以有意识地引导孩子们创编相应的对话，使他们能充分利用肢体、语言来表达对故事的理解和创造。

（二）公演剧照

第一幕：师徒出场

第二幕：女王出场

第三幕：唐僧和女王游花园

第四幕：大战龟鳖怪

后记——

历时一个学期的故事剧《西游记之游女儿国》终于落幕了。从最初的讲述故事，到最后孩子们展现了他们心中的故事，这个历程我看到了积极探索的孩子，也看到了积极推进的老师。正如南师大张华教授所说："传统的教育剥夺儿童的个人自由是错误的，但是不能走向另一个极端，即排斥教师对团体活动的积极指导，因为教师也是团体的一员，而且是经验成熟的一员。所以理想的教育是主动的孩子，主动的教师。"

在师幼共构的主题活动中，不是指师幼各占一半，而是共同思考，共同构建主题。在这个共建的过程中，孩子们有了自主的选择权，从选择主题、选择角色到选择用什么方式来表演，他们不再禁锢于成人设定好的剧情，而是能有更多表达的机会。因为孩子们有了自主的选择，所以他们就有足够的时间和空间去思考：怎么样改编女儿国的剧情？当我喜欢的角色没选上了怎么办？怎么样和同伴配合完成表演等等，这些问题的解决远比孩子们是否用了丰富的表演和肢体动作来得重要。因为我们的故事剧表演不是要培养专业的演员，而是以故事剧为载体培养健康自信、独立思考、善于合作的孩子。

对于教师而言，师幼共构的模式必将促使我们抛弃“以成人为圆心”的权威思想，放下表演的“完美主义”，尊重每一个孩子的个性差异和文化认知，给他们创造不同的空间，给予表达和思考的机会。另外更为重要的是在他们遇到困难的时候给予支持，而非代替。例如在最初的主题冲突中，怎么引导男生接受结果，并乐于参与？在角色冲突中，如何耐心等待孩子再一次燃起参与的愿望？在排练中，如何观察和发现孩子们的亮点等等，在推进的过程中，教师要始终葆有爱，因为爱是对话的基础和本身，当我们深深爱着孩子，就会使孩子迸发出无穷的力量，而有了爱的相伴，师幼才能共同完成一段愉快的旅程。

第三篇

与社会热点的融合

活动视频二维码

11只猫游泉州

（中班）

缘起——

阅读“11只猫”系列绘本

一天，芯妍带了“11只猫”系列绘本（共六本）来到班级，孩子们被小猫们滑稽可笑、伶俐可爱的样子所吸引，提出要听这一系列的故事的要求。我就利用餐前准备、睡前等时间把“11只猫”系列绘本依次讲给小朋友们听。

“11只猫”系列绘本的故事情节一波三折、跌宕起伏；人物形象鲜明，有可爱调皮的小猫、有稀奇古怪的外星猫、有令人害怕的怪兽……孩子们越来越喜爱这11只猫，游戏活动时，常常可以看到孩子们在模仿故事的角色进行游戏和表演。

一天，昕凌说："我们小班表演的是鸡蛋哥哥的故事，中班就来表演 11 只猫的故事吧。"她的这个提议得到了大家的认同，从孩子们的表情中可以看出他们期待表演的欲望。可是，故事有六个，表演哪个好呢？我把问题抛给孩子，煜楷说："投票嘛，这样公平。"为此，我们开展了"投票选书"的活动，让他们选择最喜欢的绘本故事，最后《11 只猫做苦工》胜出。

《11 只猫做苦工》这本书巧妙地将"培养良好的行为习惯，自觉遵守社会规则"这个"核"碾得细细的、碎碎的，揉进充满游戏精神的故事之中，让孩子自己慢慢去咀嚼、玩味。孩子们在阅读时轻松地认识到了规则的重要。同时，这本书文笔轻松、幽默，孩子们都说这个绘本其实就是在讲小猫们去旅行的故事，就像我们也经常去旅行一样，让人轻松、快乐。

我将《11 只猫做苦工》的故事贴上墙，孩子们很开心，经常和小伙伴们围坐在墙边交流，讨论 11 只小猫还会去哪里旅行，会碰到什么有趣的事呢？一天，有的孩子看到之前自己和小伙伴一起出游的照片，于是提议带着小猫们来泉州玩一玩！大家纷纷赞成。因此，我们班决定以《11 只猫做苦工》为故事剧蓝本，开展故事剧主题活动《11 只猫游泉州》，并将主题活动与安全教育有机结合起来，充分挖掘绘本故事多领域的价值，体现活动的多元化与整合。

过程推进——

（一）前期准备

1. 寻找幼儿园和生活中的安全标志

开展亲子活动：请家长帮忙孩子认识和收集安全标志的图片，并让孩子们请家长打印出来带到学校或者发电子材料给老师。时间为一周。

一周后，各种安全标志的图片陆续汇集到我这儿，活动课时间，我将它们都展示出来。

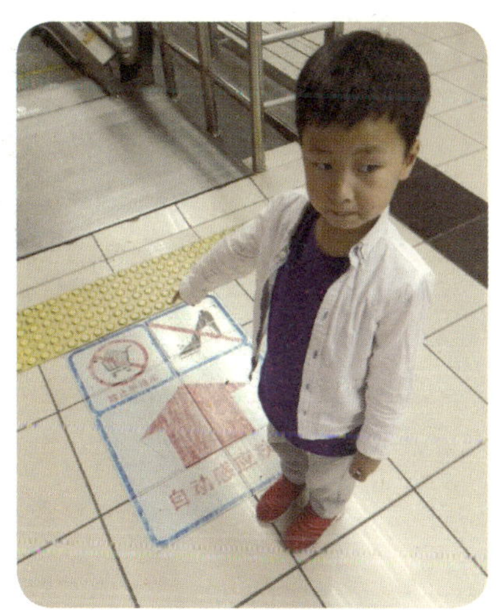

杭子找到“自动感应扶梯”标志

杭子找到“禁止吸烟”标志

师：“许多小朋友都会到一些公共场所寻找安全标志。上面两张图是杭子来到机场，他寻找到的安全标志是什么呢？”

昕宇：“我看到‘禁止吸烟’的标志，这是告诉爸爸这里不能吸烟。”

师：“那另外一个是什么标志呢？”

幼儿：“我们不知道。”

师：“这是‘自动感应扶梯’标志，我们在生活中很少见到。”

尔萱：“原来机场里要注意的事项这么多呢！”

师：“看看雯钰寻找到的安全标志是什么呢？”

宇炯：“是‘禁止左转’的标志。”

……

师：“刚才，我们看了同伴们在生活中寻找到安全标志，真的是太多

雯钰找到“禁止左转”标志

了。我们幼儿园有没有安全标志呢？”

幼儿：“有啊，也很多哦！”

师：“那我们一起去找找吧！”

苡恩：“老师，我找到了这个标志。”

师：“是‘安全楼梯’哦。”

熙妍：“我们也找到了‘安全楼梯’的标志。”

煜楷：“这个是‘不要推不要挤’的标志。”

尔萱：“我们找到了‘禁止吸烟’的标志。”

……

苡恩找到“安全楼梯”标志

教师小记

小朋友们在幼儿园也独立找到了许多安全标志：安全楼梯、禁止吸烟、安全出口等。通过活动，孩子们不仅认识了安全标志，还认识到安全标志的重要性，树立了正确的意识：这些安全标志既方便自己又不影响集体。如果没有这些标志，人们的工作、生活、学习就不能正常进行。

2. 连线小猫的旅行和我们的旅行

师：“孩子们，老师将 11 只小猫的故事和你们与同伴去旅行的照片贴上墙了。”

婧歆：“这就是我们喜欢的小猫绘本哦。”

芷妤：“没错，我最喜欢的《11 只猫做苦工》就是这个。”

梓恒：“这有我们去洛阳桥、开元寺游玩的照片哦。”

师：“11 只小猫会去哪里旅

游，会来我们泉州旅行么？”

梓恒：“我也想带着小猫们来泉州玩一玩呢！”

师：“如果小猫来到泉州，你们会带它们去哪？”

苡恩：“我想带它们去洛阳桥，那里有小猫爱吃的鱼。”

梓恒：“我想带它们去府文庙。”

师：“请大家画一画自己的想法。”

语希画了11只小猫来到泉州的公园里，天气非常好，小猫们想玩捉迷藏。苡恩画了11只小猫来到洛阳桥，洛阳桥上有“禁止跳水”的牌子，小猫们还想下去抓鱼。熊蓓画的是11只小猫来到崇武古城，小猫们看到“禁止乱涂乱画”的标志，小猫们不听劝告，还在城墙上面写字。

教师小记

活动中，幼儿作为学习的主人，将之前班级开展的一系列“亲子游”的旅行经验和安全标志的认识结合起来——带小猫们到泉州“走透透”。他们把在游玩和旅行中认识的、需要注意的安全标志都加入到自己创编的画中。学习、游戏和经验自主、有机的融合，让我们看到了放手让幼儿做学习的主人，学习的活力被极大地放大。

（二）创编故事剧情

1. 区域游戏之小猫逛泉州

孩子们在搭隧道

小朋友们在建构区搭隧道。搭着搭着，突然有孩子喊道：“快来！我们一起来搭美人鱼酒店好么？”“好呀！我们的隧道正好可以通往美人鱼酒店！”几个小伙伴就在隧道一旁搭起了酒店。

眼看隧道就要成型了，彦岚突然大喊："不对，不对！要去酒店，隧道就要拐个弯哦！"一群人拍拍脑袋纷纷说："对对对！赶紧拐弯！"于是，他们把隧道"拐"了个弯，转向了美人鱼酒店。当我走过去时，他们兴奋地向我介绍。我问："你们的隧道叫什么名字呢？""还没有名字。""等等，就叫大坪山隧道吧！就是上面有郑成功雕像的那个！""好，就叫大坪山隧道！"

孩子们在搭酒店

"大坪山隧道建好了，接下来干什么呢？"我问道。"如果11只猫来我们泉州玩，是不是得经过大坪山隧道，然后去酒店住呀！"煜楷说。炜翔马上接话："哈哈哈，那就住美人鱼酒店！""那它们怎么来？""用彩虹面包车来接11只小猫吧。""但是面包车只有7座呀！"两个孩子聊得热火朝天。"不如我们来搭一辆11座的彩虹大巴车，去载小猫们？""可以，可以！"

煜楷和炜翔在搭彩虹大巴车

商定后，孩子们到储藏间搬来了中花片开始搭建。边上的彦岚自言自语："11只小猫还要去洛阳桥玩呢！"于是她也在一边开始搭建洛阳桥。

教师小记

孩子们将故事剧《11只猫游泉州》的内容融进建构区的区域活动。教师退居幕后观察。随着剧情的发展，孩子们还将在建构区迎接11只小猫的到来，教师在这些过程中，不仅要充当好观察者，还要做好支持工作：及时为孩子们提供他们需要的材料，鼓励孩子们有更多的创编，如鼓励孩子们设计搭建小猫们泉州旅行路线，让小猫们开开心心游泉州。

2. 第一幕剧本的创编

师："我们要把创编的故事用绘画的形式记录下来，并把对话也编出来，形成故事剧的剧本。"

雯钰问："什么是剧本呢？"

师："剧本里包括角色、对话、道具、场景等设计，是我们表演故事剧的重要帮手。"

苡恩："我画的是小猫们去洛阳桥游玩，可以先来编我画的吗？"

旁边的同伴异口同声："好啊！"

苡恩拿着她的画说："猫队长带着小猫们来到泉州的洛阳桥游玩。"师："猫队长会怎么对小猫们说呢？把说的话编出来。"苡恩想了一会儿，说："我是猫队长，听说泉州非常好玩，我们就去泉州逛逛吧。"她编完这句话，小朋友们都给她掌声。"不错，开了个好头！小猫们来到了洛阳桥，看到了跟以前见过的不一样的桥会怎么说呢？"师问大家。

泽毅："洛阳桥的桥墩很特别。"

小希："妈妈说洛阳桥建成很久很久了，有一千年以上了。"

炜翔："洛阳桥底下是洛阳江，再往外面就是大海了。"

师："你们编得都很好啊，我们也可以用一些词语来形容，比如跨江接海、千年古桥。"小朋友们都说："这样的词语更好听。"师："小猫们走上了洛阳桥，看到洛阳江里游来游去的小鱼，它们会怎么说呢？”

娅妍：“好想吃烤全鱼哦！”

熙妍：“烤全鱼一定很香哦。”

她俩编出的话让大家捧腹大笑。师：“当小猫们发现禁止跳水的标志后，它们会听劝告吗？”“不会。”“小猫们会怎么说？”师问。

泽毅：“没关系，下去抓一条吧！”

煜楷：“对呀，抓条鱼当晚饭哦。”

他俩接的话简直是天衣无缝。师继续引导：“小猫们跳到洛阳江里，它们都不会游泳，该怎么办呢？”

苡恩：“那就赶紧跳到船上去。”

“万一没有船呢？”煜焜反问。

昕凌：“可以顺着桥墩爬上来，不然就真的会淹死了。”

师：“孩子们，你们真的太棒了，非常爱动脑筋，老师就喜欢你们这样的孩子。老师把你们编的故事和对话整理好，就是我们故事剧第一幕的剧本啦。”

洁柠的画

3. 第二幕剧本的创编

孩子们根据洁柠的画萌发了创编故事剧第二幕的想法。

师：“故事剧第一幕的剧本在我们的努力下编出来了，而且还在区域活动时间表演了。你们真的很棒，今天我们把第二幕的剧本编完整哦。”

小朋友们：“好啊！”

师：“猫队长在洛阳江里差点淹死，会怎么说呢？”梓航说：“太惊险了，我都快吓死了，我们到别的地方去逛逛吧。”小朋友们纷纷鼓掌。“小猫们来到了府文庙，会怎么说呢？”师问大家。

熙妍：“这个寺庙的屋檐还是翘起来的呢！”

苡恩：“这是泉州著名的府文庙，是造型特别的千年古庙！”

炜翔："上学期，我们在亲子活动时去过府文庙，妈妈告诉我里面有厉害的学者，叫孔子呢，我们还拜了孔子。"

昕宇："没错，拜孔子就是要多学本领。"

师："你们知道孔子爷爷会教小朋友什么本领呢？"

小朋友："会教《三字经》《弟子规》。"几个小朋友念起了《三字经》……

师："小猫们在府文庙看到禁止牌时，会怎么说呢？"

谷优："禁止放鞭炮！"

……

师："火被扑灭以后，会发生什么事情？"

泽毅："孔子爷爷会教育小猫们：以后不要乱玩火了。"

师："孩子们，老师把你们编的故事和对话整理好，就是我们故事剧第二幕的剧本啦。"。

4. 第三幕剧本的创编

阳光灿烂的一天，我带着全班来到开元寺春游。一走进开元寺，煜焜就指着围墙上面的标志说："你们看，那是禁止攀爬的标志哦。"伙伴们听到，纷纷顺着他手指的方向看过去，大家异口同声道："是啊，是禁止攀爬。""我们大家在生活中也不能随便攀爬围墙哦！"我对孩子们说。

接着，我们来到东塔前面，黄老师拿出之前孩子们在班级制作的小猫头饰，对大家说："11 只小猫来到泉州，逛了好几个地方，现在来到开元寺的东西塔前，你们猜会发生什么事情呢？"

妍妍："猫队长带着小猫们来到东西塔，它们说这里的东西塔好特别哦。"

雯钰："小猫们在这里遇到了小鸟，还遇到了怪兽。"

杭子："怪兽就住在这个塔里面，等小猫不注意就抓它们进去。"

小朋友们和黄老师讨论剧情

小朋友们开始表演

小希：“这个怪兽看起来非常可怕，把小猫抓进去之后，小鸟会去救它们。”

芷妤：“小鸟会偷偷飞进怪兽的房间，把钥匙偷出来，然后把门打开，救出小猫。”

黄老师：“你们大家编的故事可真好，现在你们来表演一下。”

孩子们开始分配起角色，他们选出了猫队长、小猫、小鸟和怪兽，表演了起来……

教师小记

生长戏剧理念下的故事剧话语从活动的开始、发展到结束都要经历一个不断“生长”、不断推进的过程，它绝不是一成不变的，它是师幼在平等对话、互助合作、共同成长的关系中共构的结果。“以幼儿为主体，以教师为主导”，教师追随着幼儿的关注点，以平等、尊重、接纳的态度去支持幼儿多样化的表达，鼓励幼儿自主探索、发现、解决问题，在解决问题的过程中积极主动与教师、同伴对话交流，从中获得丰富的认知经验，进而推进故事剧话语的“生长”。

5. 第四幕剧本的创编

今天的区域活动，煜焜、谷优、小希等几个小朋友选择了语言区，他们首先拿起了杖偶在“我们的剧场”墙饰前编故事。雯钰像个小小队长，带领着同伴们拿各个不同的杖偶，有小猫、猫队长、禁止牌等。雯钰和同伴们编起了11只小猫去旅行的故事……

煜焜是个挺有想法的孩子，他说：“你们编的故事，我们一起都编过了，这回，我想编个不一样的哦。”大家点点头。于是他拿起一张“崇武古城”的背景图，把它贴在了“故事小火车”的车厢上。“你去过崇武古城吗？”师问。“爸爸妈妈带我和姐姐去过呢。”煜焜边答边开始编故事，“泉州真的是一个风景秀丽的好地方啊，小猫们决定最后一站去崇武古城吧。小猫们来到古城，发现城墙下面还竖着一块大牌子呢！原来是‘禁止攀爬’的标志，这是告诉大家不可以爬城墙。这次，小猫本来想爬城墙，可看到了标志，决定走台阶上去。”煜焜边贴小猫和禁止牌的图片，边编故事，他编的故事引来同伴的赞叹声。“煜焜编得太好了，那我们第四幕的故事主题就是小猫游崇武古城吧。”师道。

（二）《11只小猫游泉州》剧本

第一幕：小猫游洛阳桥

开头：旁白：一个美丽的清晨，阳光明媚、风和日丽，小猫们出发去旅游啦！

猫队长：我们是11只可爱的小猫，我是猫队长。听说福建泉州非常好玩，这回我们就去泉州逛逛吧。

11只猫：耶！

猫队长：预备——走！

11只猫：哎，那边有座大石桥，好特别哦！

猫1：对呀对呀，桥墩还是船型的呀！

猫队长：这是泉州的洛阳桥，是座跨江接海的千年古桥。

小鱼：我们是可爱的小鱼，天天在洛阳江里开心地游来游去……

11只猫：哇，好多鱼啊！（说完配上惊讶的音乐）

猫1：好想吃烤全鱼哦！嘿嘿！

猫2：一定很香哦！

11只猫：咦，这儿还竖着一块大牌子呢！

11只猫：(说唱)牌子上面画什么、画什么、画什么。你们一起告诉我呀，告呀告诉我。

猫队长：是“禁止跳水”。

众猫：哦，是“禁止跳水”啊！

猫1：没关系，下去抓一条吧！

猫2：对呀，抓条鱼当晚饭哦。

鱼：他们这些小猫要把我们抓，怎么办呀？

猫队长：不行，不能跳水抓鱼！

猫队长：好吧，我也跳下去抓鱼吧。

小鱼：哎呀，11只小猫真的跳水了，他们可不会游泳，这样好危险。

猫1：我们好呛啊，鱼儿没抓到，会不会就淹死了。

猫2：赶紧顺着桥墩爬上去哦。

猫队长：小猫们，赶紧顺着桥墩爬上去哦。

幼儿画的第一幕的剧本

11只小猫出发去旅游啦

它们发现一座石头建造的桥

桥底下有好多鱼在游来游去

它们发现“禁止跳水”的标志

小猫们跳下水去抓鱼

它们快被淹死了，赶紧顺着桥墩爬上去

第二幕：小猫游府文庙

猫队长：太惊险了，吓死本猫猫。我们换个地方玩玩吧！

猫 1：猫队长，去哪呢？

猫队长：嗯，跟着本队长走就是了！

猫队长：预备——走！

众猫：咦，那边有座大寺庙，屋檐还是翘起来的呢！

猫队长：这是泉州著名的府文庙，是造型独特的千年古庙！

猫 1：哇，真的好漂亮哦！

猫队长：里面还住着一位老爷爷呢！

猫 2：哇，真的呀！

猫 3：我知道，我知道，是孔子爷爷。

孔子：小猫们，你们好呀，欢迎来府文庙。

猫队长：听说您是一位非常厉害的学者，能不能也教教我们学本领呢？

孔子：你们真是一群好学的小猫！

（音乐 +《三字经》）（有几只小猫偷偷地溜到一边，看到了禁止牌）

猫 1：咦，这儿竖着一块什么牌子呢？

众猫：（说唱）牌子上面画什么、画什么、画什么？你们一起告诉我呀，告呀告诉我。

猫 2：（指着牌子）是禁止放鞭炮。

众猫：哦，是“禁止放鞭炮”啊！

鞭炮：小猫们你们知道吗，我会发出“啪啪啪”的声音，很有意思！

猫 2：哇，不然我们放一个看看？

猫 3：不行，不能放鞭炮，很危险的！

猫 1：就放一个嘛！拜托。

猫 3：哎呀！不好啦！着火啦！

众猫：怎么办？怎么办呢？

（另一边）

猫队长：咦，奇怪，周围怎么热乎乎的！

猫 1：不好啦！着火啦！

众猫：啊！我们赶紧救火吧！

放鞭炮的小猫：以后我们再也不敢乱放鞭炮，乱玩火了！

孔子：知错能改就是好孩子！

众猫：嗯嗯，我们知道啦！

幼儿画的第二幕的剧本

小猫们又会去哪呢？

它们来到了府文庙，遇到了孔子爷爷

看到了“禁止放鞭炮”的标志

小猫忍不住放了鞭炮，着火了

小猫和孔子爷爷一起灭火

火灭了，小猫们知道错了

第三幕：小猫游开元寺

猫队：小猫们，泉州还有很多好玩的地方，我们继续去逛逛吧！

众猫：好啊，好啊，再去逛逛吧！

猫队长：预备——走！

乌黑啊哈：嗨，我们就是大名鼎鼎的乌黑啊哈。最近我在泉州发现了两座宝塔，睡在宝塔上面看泉州的夜景一定很棒哦。不过宝塔有点旧，听说11只小猫也来泉州玩，那就把11只猫抓来做苦工，乌黑黑，哇哈哈。

众猫：哎，那边有两座大石塔，好特别哦！

猫1：对呀，大石塔一共有几层呀？

猫2：我们一起数数吧！

众猫：一、二、三、四、五。哇！好高啊！

猫队：咳咳，这是泉州的东西塔，是举世闻名的千年古塔。

猫1：好想爬上去看风景哦。

猫2：景色一定很美！

猫3：哇！还有小鸟！

小鸟：我们是可爱的小鸟，最喜欢飞上东西塔欣赏风景了。

众猫：哇，我们也跟小鸟一起到东西塔上去欣赏风景吧！

猫1：咦，这儿还竖着一块大牌子呢！

众猫：（说唱）牌子上面画什么、画什么、画什么？你们一起告诉我呀，告呀告诉我。

猫队长：是“禁止进入塔内”。

众猫：哦，是“禁止进入塔内”啊！

猫1：没关系，我们就进去看一眼嘛！

猫队长：不可以，里面说不定很危险呢。

小鸟们：对呀！很危险的，上面还有可怕的大魔王哦！

众猫：就看一眼嘛！拜托。

乌黑啊哈：乌黑黑，哇哈哈，看看这些小猫们不听劝告，正好我把它们都抓来做苦工，清洗东西塔。乌黑黑，哇哈哈……

小鸟们：赶紧跑呀小猫们！

乌黑啊哈：一下子把这些蠢猫全部抓住了，11只小猫一只也不少，都去干活！干不完，没饭吃！

众猫：喵呜，喵呜。

旁白：天黑了，十一只小猫被乌黑啊哈关在了黑漆漆的东西塔里，它们害怕极了。

猫众：早知道就不进东西塔了，喵呜、喵呜。

猫队长：我们绝不认输，我们是厉害的11只小猫！

猫1：你们看！是小鸟！

小鸟1：小猫们，我们来救你们啦！这是钥匙，我来帮你们开门，赶紧跑出来。

众猫：谢谢小鸟，谢谢小鸟！

幼儿画的第三幕的剧本

11只猫准备再去逛逛

他们来到东西塔前面

突然，天空飞来了小鸟

它们发现“禁止进入塔内”的标志

怪兽乌黑啊哈出现了

小猫们被关在塔里面了

第四幕：小猫游崇武古城

猫队长：小猫们，泉州真的是一个风景秀丽的好地方啊，我们最后一站去崇武古城吧。

众猫：好啊，好啊。

猫队长：预备——走！

猫 1：咦，这儿还竖着一块大牌子呢！

猫队：（指着牌子）是“禁止攀爬”。

众猫：哦，是“禁止攀爬”啊！

旁白：瞧，这次 11 只小猫没有爬城墙哦，他们正在排队走台阶呢。

幼儿画的第四幕的剧本

11 只猫这次会去哪呢

它们来到了崇武古城

它们发现“禁止攀爬”的标志

小猫们这次没有爬墙，它们排队走台阶

（三）道具准备

1. 第一幕剧情下的区域活动

师：“上次活动之后，老师把小朋友们创编的第一幕剧本整理好了。可是表演故事剧还需要很多东西，比如角色的头饰、禁止牌等，怎么办呢？”

承宇：“可以在美工区制作完成啊。”

宇翔：“没错，我今天就去美工区画小猫、小鱼的头饰。”

谷优：“我爱画禁止牌，我要和同伴画‘禁止跳水’的牌子。”

……

孩子们自主进入各个区域，分工活动。

美工区：制作故事剧里的小猫的头饰。

表演区：创编猫队长和小鱼的表演动作。

建构区：搭建大坪山隧道。

语言区：创编小猫们去游玩的故事。

教师小记

区域活动是幼儿自主学习的有效途径，教师立足于幼儿，让幼儿尽情体验和探索，充分发挥了幼儿的自主性和主体性。教师抓住孩子的兴趣点，以绘本为切入点开展以故事剧为背景的区域活动，凸显了内容的整合性及指导的推进性。区域活动中也引发了许多问题，教师及时捕捉幼儿提出的问题，并给予适时的启发引导，有效推进了区域活动的发展，幼儿在自由、宽松的气氛中主动探索、学习，体现幼儿在玩中学、学中玩，寓教育于游戏中。围绕故事剧开展相关的区域活动，我认为不仅培养了幼儿的信任感，促进其自主学习，例如美工区的幼儿作品经过师幼的再加工，不仅可以提供给表演区的幼儿表演故事剧时使用，使幼儿感到他们的作品受到重视，从而更愿意创造，而且关注幼儿的广泛学习，进而使幼儿得到全面发展。区域活动可以建构属于每个幼儿自己的认知结构，让幼儿的学习逐渐趋于“最近发展区”，这也符合故事剧课程的开放性和自主性特质。

2. 制作“灭火器”

师：“表演第二幕剧本，我们需要做些什么道具呢？”

浩森：“小猫偷偷放鞭炮，府文庙着火了，我们需要做一些灭火器。”

昕凌：“可是用什么做好呢？”

洁柠：“我们玩创造性游戏的时候，有些大瓶子呢，可以拿来用。”

我去装游戏材料的框子里拿来几个大的塑料瓶子，问道："这个瓶子当灭火器，行吗？" 雯钰说："灭火器是红色的，我们还需要给它们涂颜色。"

我又为小朋友找来颜料，几位小朋友自主合作，动手制作了灭火器。

3. 第三幕剧情下的区域活动

我在班级放映上次孩子们画的第三幕剧本的照片，引导幼儿说说要表演故事剧第三幕的情节要准备些什么，请幼儿说说各个区域可以怎么玩。

谷优："我要在画板上画东西塔，这样，表演区的小朋友在表演的时候看到画就可以更清楚地知道方位。"

梓航："那我来画小动物的磁铁画吧。"

宇翔："我想在语言区里面创编小猫到泉州各个景点游玩的故事情节。"

承宇："我想和小伙伴们在建构区里搭建东西塔，邀请同伴们来表演。"

……

谷优请来了苡恩和他一起，开始在画板上画起了"小猫游泉州"第一、二、三幕的场景。

教师和承宇配合，让塔站稳

谷优和苡恩在画板画剧情

承宇和同伴们利用班级的废旧材料搭建了东西塔和围墙。

宇翔和同伴们坐在语言区里，在墙上的“故事小火车”上创编小猫去旅行的故事。

宇翔和同伴们在创编故事

教师小记

故事剧推进到第三幕，孩子们都在各个区域准备着，为表演做准备。其中，东西塔的制作耗时很长，需要师生共同制作。我惊喜地发现孩子拥有完成复杂困难任务的坚韧品质，他们不怕困难，不言放弃。

4. 亲子活动——制作东西塔

最近，由于开展故事剧的需要，我和孩子们制作了各式各样的东西塔，同时也鼓励家长和幼儿在家利用一些简单的材料制作东西塔。经过家长和孩子们的奇思妙想，各种各样的废旧物品被家长和孩子们灵巧的双手变成了形态各异的东西塔。

宇炯和妈妈，还有弟弟一起制作东塔

芷妤和爸爸用超轻彩泥制作塔

我们请孩子们把制作好的东西塔带来，放置在班级的橱柜上，供同伴们观赏与交流。

亲子活动其实也是幼儿游戏的一种重要形式，倍受幼儿欢迎，良好的亲子互动能带来积极的教育效果。通过家长的引导，孩子们不仅学会了制作东西塔，而且体验了与爸爸妈妈一起做手工的乐趣。在亲子活动中，孩子和父母相互了解、亲近，有效促进了幼儿交往能力的提高；同时，也给孩子们留下了一份快乐、美好的童年记忆，得到家长们的一致好评。

排练表演——

（一）我的角色我做主

我也想当乌黑啊哈

故事剧的情节都创编完了，我们准备把故事剧搬上舞台。小朋友们对怪兽乌黑啊哈的角色非常感兴趣，觉得那是一个非常特别的角色，所以有几个小朋友都选择了这个角色。

彦岚在扮演乌黑啊哈

煜焜在扮演乌黑啊哈

彦岚是个性格内向的孩子，没想到他也看上怪兽这个角色，他对小朋友们说：“我可以演乌黑啊哈。”“那你演给我们看看吧。”小伙伴们说。彦岚马上学着怪兽说话，这时煜焜走了过来，他说：“我也要当怪兽乌黑啊哈，我的动作更像。”说着，煜焜走到布置好的场景中间，动作夸张、声音响亮地学了起来。伙伴们都惊呆了，他表演得太像了，大家都把掌声送给他。

师："两个都想当怎么办？"

"我觉得煜焜演得像。"

"彦岚演得也挺好。"

……

小伙伴们："那我们来投票吧。"大家举手投票，大部分孩子把票投给了模仿得很像的煜焜，最终，煜焜成功当选了乌黑啊哈。

教师小记

这个选角的过程，可以看到孩子们的自主意识是那么的强烈。彦岚和煜焜都想当怪兽，他们展开公平的竞争，进行表演，让同伴们投票。他们把角色的演绎得那么真切。能从他们的表演很好地看出他们对角色的理解。孩子们在投票时不仅有自己的理由，还能对小伙伴是否能胜任这个角色提出自己的看法。

（二）公演剧照

后记——

区域活动已作为幼儿园教学的一种普遍的教育形式，强调幼儿的主体性活动是此活动的主要特征。在区域活动中幼儿自主选择游戏对于幼儿来说，是一种自由的游戏。我们创设幼儿感兴趣的，具有多样化形式和丰富内容的各个区域，怎么玩，幼儿可自由选择，自主活动。我们立足于幼儿，抓住孩子的兴趣点，以绘本《11 只猫做苦工》为切入点开展以故事剧为背景的区域活动，有以下几点反思。

一、凸显了故事剧背景下的区域活动的整合性及指导的推进性。

区域活动是幼儿自主学习的有效途径，孩子们都有家庭出游、和同伴郊游等经历，所以“游玩”是一个他们喜欢谈论的话题。孩子们选择的《11 只猫做苦工》的故事从生活化的小细节出发，引出一连串的连锁效应和矛盾冲突，让遵守规则的重要性在生活化的体验中得以凸显，同时强化了规则意识。

在幼儿进行区域活动的时候，我们更多的是作为观察者、支持者和合作者参与活动，通过环境支持、材料提供、语言启发等手段为幼儿提供隐形的支持；将与故事剧表演活动相关领域知识经验有机地联系起来，使之相互促进，共同为故事剧表演活动的有效推进服务的同时，实现了故事剧课程“生长”之目的。教师从主导者的身份逐渐退居幕后，将主动权还给孩子；幼儿在自由、宽松的气氛中主动探索、学习，体现幼儿在玩中学、学中玩，寓教育于游戏中。

二、给予幼儿自主的游戏氛围，能促进幼儿自我学习，自我发现，自我完善。

区域活动创设的是一个丰富多彩、多功能、多层次的游戏活动，它具有自由选择的条件和灵活性，能满足幼儿发展的需要，是实施个别化教育的有效形式。因此，区域活动是孩子们的最爱，孩子们一旦进入游戏区域，很快就能进入了角色。他们能大胆表达自己的想法，表现自己的创意，并且不断迸发出对活动的热情。他们有的扮演故事剧里的角色、有的为故事剧表演搭建场景、有的为故事剧制作道具……故事剧活动契合了幼儿游戏的天性，它建立在生活图景的基础上，基于幼儿的生活，发扬游戏精神，将幼儿的日常生活、感性经验与剧情发展紧密联系起来，幼儿与事物之间由此产生了情感的联系，而幼儿的一切经验都有可能成为故事剧活动发展的养料。幼儿能用真实且熟悉的生活经验来丰富故事剧情节，促进其“生长”。

三、通过区域游戏，有益于发挥幼儿之间的相互交往合作能力。

合作游戏可以作为一种积极的教育影响因素，为幼儿提供了广阔的自由的交往空间，幼儿自愿参加，自主选择，自由活动，幼儿之间有着共同的语言，共同的乐趣，容易交流，沟通，他们之间由此进行交往与合作。孩子们在每个区域中经过讨论，商量，进行了分工，最后合作完成，达到很好的效果。伙伴间的相互影响有益于幼儿社会化，有益于每个幼儿个性健康地发展。

实践表明，将生长戏剧理念下的故事剧中所蕴涵的内容有机渗透到区域活动之中，并通过有效整合，能让幼儿深入了解故事剧中所要表达和所需理解的相关经验，能进一步促进幼儿对整个故事剧内涵的理解。幼儿主动迁移领域活动中的有趣体验、丰富经验，拓展故事剧的情节，幼儿的身体、认知、表达、情感、社会性等方面均能和谐发展。

捉 迷 藏

（小班）

缘起——

此故事剧的主题缘起风靡全球的动画片《小猪佩奇》。小猪佩奇在低幼儿童界俨然是世界巨星级别的存在，因此为了激发孩子们的兴趣，引起共鸣，我们在班级投放并持续更新许多的相关绘本供幼儿自主取阅，同时结合相关的生活事件组织孩子们观看动画片，如开学初看《乔治第一天上幼儿园》，万圣节看《装扮舞会》，圣诞节看《圣诞老人的小屋》，来了新同学，我们观看了与欢迎新同学相关的《大象艾米丽》，下雨天看《世界上最大的泥坑》，世界环保日看与垃圾分类宣传相关的《快乐环保》等。

春天来了，我们一起看了《春天来了》：在万物复苏的春天里，猪爷爷猪奶奶家的动植物们都在生长，佩奇和小伙伴们一起在花园里玩找彩蛋的游戏。这个故事中“找和藏”的游戏让小朋友们十分感兴趣，于是之后的自主游戏时间里，小朋友提出玩找物游戏“找彩蛋”，玩了几回后，“找彩蛋”渐渐又演变成找人游戏“捉迷藏”。随着游戏的推进，小朋友从起初的“捂住眼睛玩捉迷藏”发展到能明白“躲藏”的意思，游戏水平也在不断加深。

六一节将至，班级要开始准备六一节的故事剧表演。《小兔乖乖》、《拔萝卜》《三只蝴蝶》《小猴卖圈》……那些经典的表演故事像放电影似的一部部从我脑海中略过，难以决定。我问小朋友：“我们要上台去表演故事，大家想要表演什么呢？”小朋友们似乎还不明白表演的意思，纷纷露出迷茫的神情。可能“高大上”的舞台离他们的现实生活有点远，少了生活体验的表演，对小朋友们来说就像“水中浮萍”，没有根基，华而不实。游戏才是幼儿现阶段的学习方式，“玩游戏”是现阶段幼儿得天独厚的优势项目。想到这里，我灵机一动，向小朋友们解释：“表演其实就是上台去玩游戏，你们想到台上玩什么游戏呢？”听到“玩游戏”三个字，大家眼前一亮，马上七嘴八舌地议论起来。

捉迷藏游戏深受班级幼儿喜爱，百玩不厌，基于大家的这个兴趣点，我决定帮助他们把“捉迷藏”游戏过程中遇到的一些有趣的事情编成故事，形成简单的剧本。排练过程，我引导幼儿以各种戏剧游戏的方式推进故事剧的发展，最终排演了故事剧《捉迷藏》。

过程推进——

（一）前期铺垫

1. 办一场化装舞会

动画片《小猪佩奇》里有一剧集《装扮舞会》：佩奇和她的伙伴们进行各种梳妆打扮后一起参加舞会。小朋友们看了之后都十分感兴趣。于是我们也决定举办一场“动物舞会”。那么，要装扮成什么小动物呢？这可难不倒“佩奇故事十级学者”的小朋友们，大家都有自己的想法。洋洋最喜欢当小羊，因为她的名字里有一个“yang”；班上的龙凤胎姐弟大有和小有早就商量好了要扮演大象，因为故事里也有一对大象双胞胎；好多女孩子都特别中意全身粉粉的佩奇裙子，早早就说好要当小猪佩奇……

沂洋因为名字里有“yang”，所以扮演小羊，这是她和妈妈的自制服装

服装自然是化装舞会的重头戏。除了现成的装扮服装外，我们更鼓励家长和幼儿一起亲手自制服装配饰，在制作的过程中加深对角色特征的认识，也同享亲子时光。

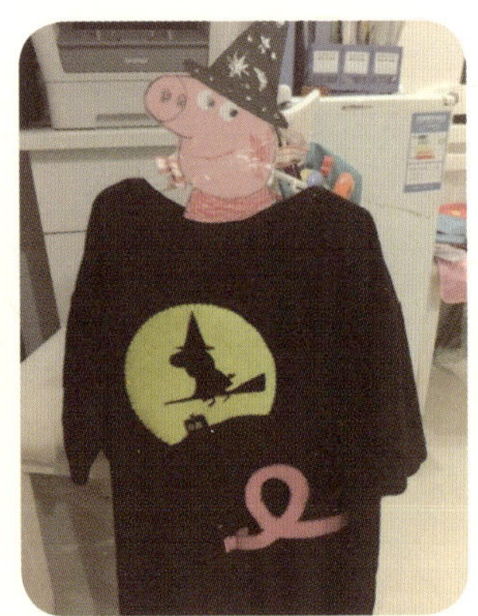

梓萱和妈妈自制的T恤

铄涵巧妙地用自己原本的服装扮演了斑马，并自制了头饰帽子

部分幼儿与家长共同制作的配饰

装扮一新的“小动物们”，共赴一场化装舞会

教师小记

动物舞会得到了家长们的大力支持，小朋友们更是兴致勃勃。好多小朋友自制了许多有意思的道具，如梓萱的佩奇T恤、璟睿的恐龙装饰、铄涵妙手偶得的斑马纹套装、沂洋和自己名字很匹配的小羊外套……每个小朋友都装扮一新，共赴盛大的化妆舞会。这些小配饰和小道具，后续演出中有需要还可以直接采用。

2. 跳世界上最大的水坑

自主游戏时间，大雨如注。昊鸿略扫兴地说：“下雨了，哪里都不能玩。”哲宇马上说道：“不如我们去看雨吧。”好像也没有更好的选择，于是大家一起到走廊边上“赏雨”。“下雨是什么声音的呢？”我问道。“滴滴答答”“哗啦啦”“沙沙沙”“嘀嘀嘀”“噼里啪啦”……通过直观感受，孩子们说出了许多形象的拟声词。

看雨

锦福、少捷跃跃欲试地跑到屋檐下滴水的地方接水，结果少捷被淋了一头湿，他把头发一抹，说：“爸爸在家就是这么弄头发的。”惹得大家哈哈大笑。

一起玩佩奇最爱的游戏——跳水坑

下午玩沙时间，虽然雨停了，但积水很多，没办法玩沙。这时奕圣忽然模仿小猪佩奇的语气说：“雨停了，我们一起去玩跳水坑的游戏吧。”“好啊！”这一提议得到了大家的热烈响应。小朋友们一齐看向我，看着大家期待的小眼神，我毫不犹豫地满足了他们。于是大家换上雨鞋，出门跳水坑啦！

教师小记

在《幼儿园戏剧教育课程》一书当中有提到：“戏剧创作当中，情节由一系列事件组成，具体从开端、发展、高潮到结局的几个发展阶段，体现了从背景、问题出现、冲突形成到最终问题解决的逻辑顺序”。在戏剧创作的场景方面，小班阶段比较单一，最多出现两个空间的转换。春季，春雨连绵，我们常在游戏、散步时遇上雨天，一下雨，户外活动就暂停，因此，小朋友们似乎对户外活动变得更加渴望。今天的游戏，“雨水”不再是我们游戏的阻碍，而成了我们游戏的“伙伴”。晴天和雨天正是两个不同场景的转换，突发的下雨状况给故事情节增加了起伏，带来冲突感，能够推进情节在转折后往不同的方向发展。所以，接下来的剧本讨论中，我们试着加入冲突元素——雨天。

3. 没有彩蛋，找糖果也可以啊

自主游戏时，孩子们七嘴八舌地讨论起想要玩什么游戏。蒋历汗提到了佩奇动画片里的“找彩蛋”，得到了很多人的响应。

师：可是班上没有“彩蛋”，用什么替代呢？

经过一番讨论和搜寻，我们找到了一盒糖果，仔细一数，有 40 个，够班上一人一个。于是我们开始“藏糖果、找糖果”的游戏。为了能把糖果藏得更隐秘，我们先分小组请幼儿轮流去户外藏糖果，待每个组的糖果都藏好后，大家再一起出去找。

我们出发去藏“彩蛋糖果”咯

把糖果藏在花丛中、草地上

哈哈，我们找到啦

回到教室后，老师组织小朋友们对刚才的游戏进行讨论。

师：“老师这里有一些照片，我们一起来看一看。说一说，你刚才找到糖果了吗？在哪里找到的？”

羽琨："我在花坛里找到了，一出去就看到了。"

苏琳："我在小树那边找到的。"

雨铮："滑滑梯！我在滑滑梯找到的。"

钊钊："我是在草地上找到的，那里有好多。"

历汗："我把糖果藏在花那边，可是我找不到了。后来在自行车棚才找到的。"

……

师："恭喜你们都找到了糖果，现在可以把糖果吃掉啦！"

哲宇："老师，找彩蛋的游戏太好玩了，我下次还要玩！"

师："好的，今天的游戏是老师帮你们准备的彩蛋——糖果，下次如果小朋友还想玩这个游戏，记得要先准备'彩蛋'哦。"

教师小记

《3-6岁儿童学习与发展指南》指出，幼儿的学习是在生活和游戏中直接获得的，要珍视游戏和生活的独特作用。而小班幼儿的年龄特点决定了他们尤其如此。每周的自主游戏时间，幼儿总能提出许多自己感兴趣的游戏主题，而近期他们最感兴趣的就是游戏"找彩蛋"。我尊重幼儿的游戏意愿，并从旁协助指导幼儿尽可能地自主进行游戏。后续，我将继续推进幼儿的游戏水平，从游戏中挖掘故事剧的表演素材。

4. 不如就玩捉迷藏吧

哲宇、历汗等好几位小朋友一直对上次"找彩蛋"的游戏念念不忘。自主游戏时，他们正准备再次游戏，却遇到了一个问题：没有糖果，要藏什么好呢？小朋友们提出用小饼干、小馒头、海苔等小零食做彩蛋，都因为卫生或数量的原因被否决了。昊鸿提出藏花片，大家正想赞同，哲宇却大叫："捉迷藏！我们可以捉迷藏！"一石激起千层浪，哲宇的提议让大家都觉得好极了。

我先帮助孩子们简单了解了捉迷藏的规则。孩子们开始兴奋地玩捉迷藏游戏，我扮演"找人"的角色，小朋友们来藏。"一、二、三……十！"等我数到十睁开眼睛一看——椅子后面、地板上面、桌子底下，

"藏"了满满的小朋友，有些人紧紧地捂住眼睛觉得自己藏得棒极了，有些人的眼神里则带着满满的期待，似乎在说"老师，我在这，快来"。

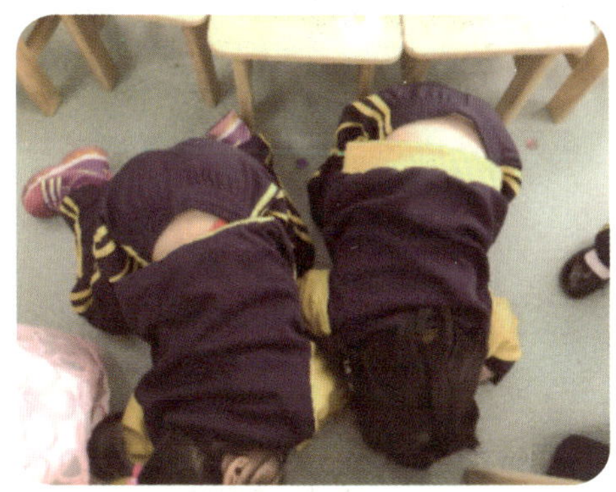

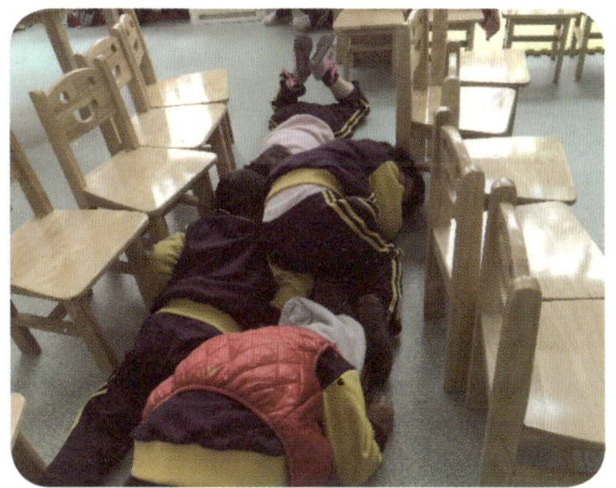

教师小记

这一次，游戏"找彩蛋"升级成"捉迷藏"。在游戏中我发现，小班的幼儿对于"躲藏"的意识并不明显，他们很可爱地捂住眼睛、蹲到椅子后面、桌子下面，就认为自己藏好了。在这个游戏中，他们更多享受的是和同伴一起"抱团躲好"的过程，只要有人说"哈哈，找到了"，小朋友就会一起开心地笑个不停。由此可见，虽然对捉迷藏的规则并不理解，但并不影响他们享受游戏的乐趣。后续我将幼儿的游戏过程制成视频、图片，为幼儿播放，引导他们加深对捉迷藏游戏规则的理解。这些资料可以复盘幼儿在游戏当中的对话，为后续的故事剧剧本对话创编提供素材。

5. 捉迷藏时，藏哪儿

午饭后，我带着孩子们在幼儿园里散步，四处走着，走到升旗台附近时，哲宇忽然指着后面说：“升旗台高高的，还有一块大石头，下次我藏在这里，你们肯定找不到！”听到他这么说，我顿时觉得这是一个加深孩子们对捉迷藏游戏规则理解的好机会。于是我带着孩子们往升旗台后面走去，来到了后操场，并开始有意识地引导他们去发现：“捉迷藏时，还能藏哪儿？”操场上，能躲的地方太多了。马上，乐乐就说：“我要去躲在滑滑梯上面！”“大树底下也可以躲。”“自行车棚能不能躲？”大家一边走一边兴致勃勃地讨论着。

教师小记

哲宇偶然冒出的一句话，点燃了大家对寻找躲藏地点的热情。从中也可以看出幼儿对捉迷藏游戏兴趣之浓厚。从活动后的讨论中我们也发现，幼儿对躲藏的地点有了进一步的认识，但是空间方位“上面、下面、里面、后面”这些表达还比较欠缺。面对小班幼儿，游戏中的体验应该是最好最快乐的学习方式，因此在后续的游戏体验中我将进一步强化幼儿空间方位感的表达，同时也希望幼儿能将游戏经验更好地迁移到故事表演当中。

6. 雨停啦，又可以跳水坑咯

这一天，我扮演小猪咕噜，用手偶的形象引导幼儿玩游戏“捉迷藏”。联想之前的游戏体验（雨天，小朋友们自发玩游戏“跳水坑”），我播放雨天的雷声，用声音暗示来实现场景的转换。

小猪咕噜：“哎呀，下雨啦，下雨啦！小动物们都去哪啦？”

世楠：“下雨了，快躲起来。”

小猪咕噜：“我要躲在哪里呢？”

少捷连忙指着自己的“小房子”（小椅子）：“这里这里！躲这里！”

小猪咕噜：“太好啦，谢谢你小狗汪汪。”

苏琳：“哈哈，大家挤在一起躲雨真好玩！”

（此时雨声播放完了，也就暗示着雨停了）

小猪咕噜：“雨停了，我们现在玩什么呢？”

乐乐：“我们还是接着玩捉迷藏吧！”

奕圣：“雨停了要去跳水坑的，你忘了吗？”

梓萱：“对，我们要去玩跳水坑的游戏啦！”

教师小记

从戏剧的角度考量，要有新元素加入，让重复的情节出现一些转折。因此，我汲取近阶段生活中的天气状况来推进情节发展。通过“雷声、雨声”暗示天气变化，幼儿结合生活经验很自然地明白“下雨了”，再通过对话引导幼儿发展“下雨”后的情节。我将孩子们的表现汇总、润色，形成了后续的故事剧本。

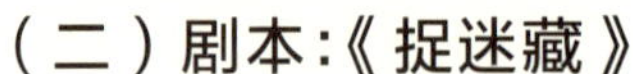

（二）剧本：《捉迷藏》

第一幕：咕噜和小动物们陆续出场

旁白：有只可爱的小猪，名字叫咕噜。有一天，小猪咕噜和小兔罗罗、小羊咩咩来到森林里，他们想玩什么游戏呢？

小猪：罗罗，我们一起来玩捉迷藏的游戏，好吗？

两只小兔：好啊！咕噜，你找个地方躲起来吧！

小兔：咕噜，你藏在哪儿啦？（东找找、西找找）哈哈，我找到你们啦，你们躲在小花丛中！

小猪：人太少不够好玩，小羊咩咩，快和我们一起玩吧！

（小羊咩咩出场）

两只小羊：哎，我们来了。

小猪、小兔：我们一起来玩捉迷藏的游戏，好吗？

小羊：好啊！咕噜和罗罗，你们找个地方躲起来吧！

小羊：咕噜、罗罗，你们藏在哪儿啦？（东找找、西找找）哈哈，我找到你们啦，你们躲在大树后面！

小猪：人太少不够好玩，小狗汪汪，快和我们一起玩吧！

（小狗出场）

两只小狗：哎，我们来了。

小猪、小兔和小羊：我们一起来玩捉迷藏的游戏，好吗？

小狗：好啊！咕噜、罗罗和咩咩，你们找个地方躲起来吧！

小狗：咕噜、罗罗、咩咩，你们藏在哪儿啦？（东找找、西找找）哈哈，我找到你们啦！

小猪：人太少不够好玩，大象悠悠，快和我们一起玩吧！

（大象悠悠出场）

两只大象：哎，我们来了。

小猪、小兔、小羊、小狗：我们一起来玩捉迷藏的游戏，好吗？

大象悠悠：好啊！咕噜、罗罗、咩咩、汪汪，你们找个地方躲起来吧！

大象悠悠：咕噜、罗罗、咩咩、汪汪，你们藏在哪儿啦？（东找找、西找找）哈哈，我找到你们啦！

两只小羊：咕噜，我们今天陪你玩游戏，开心吗？现在轮到你来找我们了。

第二幕：咕噜找，小动物们藏

咕噜：那我也去藏起来！不能让大家看到我！

旁白：小动物们等啊等…… 他们一声也不吭。咕噜也不出声！

小兔：（站起来偷看）咕噜你快出来，我们重新来一次吧！咕噜，你数到十，再来找我们。

咕噜：（闭上眼睛）二、五、十！

大象和小狗：不对，不对！你去数十朵花，然后再来找我们。（大家躲起来了）

咕噜：一朵花、两朵花、三朵花、四朵花……

（他四处寻找更多的花儿）

咕噜：五朵花、六朵花、七朵花、八朵花、九朵花、十朵花。十朵花！我来啦！

咕噜：咦，小动物们都到哪儿去了？（挠挠脑袋）我在哪儿呢？

第三幕：跳水坑

（打雷下雨声）下雨啦，下雨啦……

咕噜：哈哈，这个小房子在动……

（拍手）找到你们啦！找到你们啦！这个地方可真不错！

小动物们：咕噜，一起进来躲躲雨吧！

咕噜：好啊！（钻进桌下）和好伙伴躲雨真好玩！

大象：雨停了，我们来玩“跳水坑”吧。

（三）道具制作

1. 美丽的小花

苏琳和诗诗拿着用“齿轮积塑”拼好的作品，请我拍照留念，我随口问：“你们拼的什么啊？”“小花啊，你看还可以戴在头上！”果然，苏琳不但拼了花环，还拼了戴在头上的花冠。我环顾四周，只见芷璇有一支“花仙棒”，元元身上花环、花仙棒、项链和花型的包包装备齐

全，诗诗则拼了一片超级大的配饰，每个人都露出小花般灿烂的笑容。收玩具的时候苏琳主动过来说："我不想把花环拆掉，我还想留着跳花仙子的时候戴，可以吗？""当然可以啊！"我马上给了她肯定的答复，并且在柜子上整理出一片供小朋友们展示作品的空间，鼓励小朋友们拼出更多的小花配饰在表演的时候使用。

于是在接下来的一段时间里，女孩子们一次次拼出了更多形态各异的小花。大家经常看着展示柜上的作品，兴致勃勃地讨论。

教师小记

小班的小朋友很喜欢模仿，特别是得到老师的鼓励和肯定之后。"我也要拼小花。""我要拼和 XX 一样的。""XX 你可以教我吗？"于是，我在班级创设一面专门的摆件墙来鼓励幼儿。表演时使用道具，让幼儿有了成就感的同时，还有了珍惜自己亲手制作的作品的意识。

2. 贴小树

形态各异的小花激发了小树组的创作灵感。少捷说:“我们也要拼小树,可以拿着表演。”世楠却觉得:“小树那么大,我们要怎么背在身上呢。”历汗想了一个好办法:“我们拼树叶就好了啊,树叶小小的,就可以戴在身上。”于是男孩子们拼了一些小树叶准备贴在身上,结果只要一动,“树叶”就掉落满地,非常不适合表演。大家又想出了“像项链一样挂在脖子上”“用很多透明胶黏起来”等方式,但似乎都不是上佳之选。这时我想到了万能的万通板。放学后,我将万通板剪成树干的形状,再在区角里投放自贴纸。第二天上学时,桐豪第一个来到美工区,他很惊喜地说:“哇,这里有小树!”“对啊,可是你有没有觉得小树缺了点什么呢?”我问道。“没有树叶嘛!”桐豪一眼看穿。“你看这里有绿色的贴纸,我要剪树叶贴上去!”我暗示道。周围的小朋友听了,马上一起行动起来,有的还想出了新的道具制作方法,为小树装饰上大红苹果,花花绿绿的小树越来越像模像样了。

围坐一堂,装饰我们的小树

绿色的叶子,红色的苹果,我们的小树不一样

3. 小雨滴

随着小花和小树们都有了自己制作的道具，扮演小雨滴的小朋友们沉不住气啦。璟睿跑过来找我说：“李老师，我要很长很长的那种纸。”“多长的纸？你要做什么呢？”“像下雨那么长的。我们也要做小雨滴啊！不然上台了，人家怎么知道我们在下雨呢！”他显得特别着急。“好的，别急别急，我给你找找有什么材料哦。”于是，我把彩带和金草都投放到了美工区。

第二天，我招呼璟睿到美工区：“你看，我带来了新材料，你们打算怎么做小雨滴呢？”“太简单啦，就是像下雨一样嘛。”说着璟睿和灿灿就开始动手撕纸条，把纸条撕成一条一条的，然后像天女散花一样打算撒开来了。“这可不行，如果一次全部撒光了那表演的时候怎么办？”我担心他们撒得满地板都是，非常难打扫，连忙提建议：“嗯，不如这样吧，用这个蓝色的盘子来当天空，把小雨滴黏上去怎么样？”“好啊好啊，钊钊快来，我们一起把小雨黏上去。”大家围坐在一起，很快就把小雨盘子做了出来。小朋友们抖着小盘子，再喊着“轰隆隆”（打雷、闪电）、“哗啦啦啦啦”（下大雨）。

教师小记

小树和小雨滴都是我们故事剧里重要的角色，小树是小动物们玩捉迷藏时的躲藏空间，小雨滴则是故事情节转折发展的推手。故事表演过程中，不是仅仅用语言、动作、声音、表情来表演，道具也是帮助表演锦上添花的重要手段，特别是幼儿自制的道具更能加深幼儿对角色的理解，提升参与的兴趣，让幼儿真正成为表演的主人。我在其中，及时做好辅助工作，提供材料，帮助他们更好地完成道具的制作，并将过程记录留念。

排练表演——

表演进行时

1. 设计小花和大树

我播放小朋友们在东湖公园春游时和小花小树的合影，和小朋友们回顾一些小花和小树的样子，再组织大家玩定格游戏“百花开”（请小朋友们自行选择，组合，扮演）。

有的孩子扮成单朵盛开的小花；有些孩子自主合作扮成花墙，花墙的“花”高高低低，各有造型；有的孩子站在椅子上扮花，有的孩子蹲在地板上扮花。有的扮成小树，小树们的造型更是别致，比如哲宇、梓萱、钊钊、锦福几个人合作扮成一棵大树，底下的腿互相交错，非常形象地呈现了榕树根的样子。

教师小记

小花小树虽然没有台词，但同样也是重要的舞台角色。小花和小树在舞台上属于动态的背景，每一次的造型其实都对小动物的躲藏过程有

不同的影响。在定格游戏中幼儿将自己在生活中观察到的花树形象用肢体动作呈现出来，让舞台上的背景生动许多，而且每一次花树的形象都有变化，不是千篇一律的固定造型，让每一次的表演更接近游戏的体验。因为他们是小动物们玩捉迷藏的关键点，他们的造型决定了每次小动物“躲”的造型。活动过程中，教师应着重关注幼儿是否能够合作表现花和树的多种造型，引导幼儿在下一次推进时加入动物角色。

2. 在小花和大树里捉迷藏

故事剧表演的初期，我投放了一些小树的道具，扮演小树的演员们喜欢躲在树背后，小动物们也都习惯性地往树背后躲，躲藏的方式比较单一，和舞台的动态背景“花”和“树”的互动也很少。随着活动的推进，小朋友们制作了非常丰富的小花和小树的造型，也给了我们启示：是否可以让小动物们直接躲在小花小树中，让小花和小树们来“包围”“保护”小动物？

造型各异的小树林

趴着矮树后躲藏的小动物

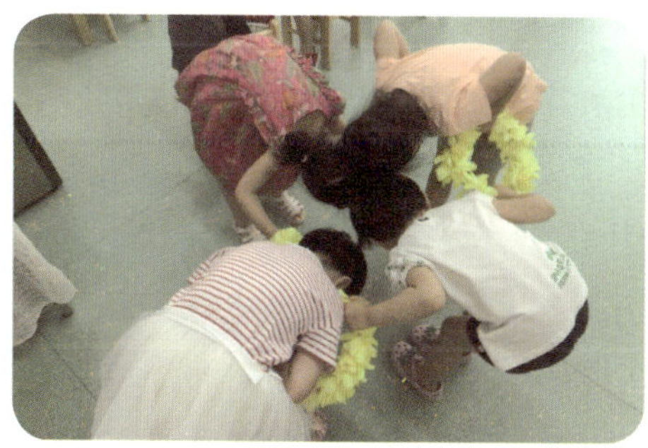

小动物快躲进合拢打开的小花

躲在花丛中、树林里的小动物

教师小记

这次的表演让小动物的躲藏生动了许多，比如历汗、世楠等五位小朋友组成的小树林们，一整排特别有气势，小动物们有充分的躲藏空间；钊钊从背后抱住子昂，一高一低，形成高低树枝；有的小朋友合作扮成会合拢、盛开的小花，把小动物藏在中间；还有的小朋友背靠背用小手在头顶摆盛开的花的造型，表示一朵向外盛开的花，把小动物们挡在身后……改良过后的“捉迷藏”游戏，将游戏性大大提升，每一次表演都像是一场真正的捉迷藏游戏，大家更加享受到表演的乐趣。

后记——

我们的故事剧表演，因为最后以演出的形式来呈现成果，所以常给人以演出效果定“江山”误解。其实反过来想，对故事剧表演的评价，

除了包含成人在演出中依据表演的效果来评价幼儿的表现之外，幼儿在舞台上的表现，还有幼儿对教师在故事剧主题课程实施的认可度的评价。幼儿的表现是否自主、独立、享受、投入，是否从故事剧表演中获得了愉悦的心情，都是幼儿对成人的教学成果最直观的反馈。

在我们的《捉迷藏》故事剧中，小个子雨铮、小于当上了主角，调皮的阿哲为了演出他心仪的角色自律了许多，而且因为在演出中的释放，也让他变得懂得与同伴和谐共处，性格变得平和温暖。我们的“小动物们”各具性格，孩子们能够在故事中小动物的身上看到自己的影子，这种亲切十分具有代入感，令孩子们在后续的故事交互表演中，自然而然地模拟，重现了自己与同伴合作游戏的社会性品质。在整个课程实施的过程中，我们清楚地看到了孩子的合作能力、交往能力、协调能力、解决问题能力等种种的社会性特质在进步。

我们的《捉迷藏》故事剧结束了，对幼儿园阶段的孩子们来说，他们的学习生涯才刚刚起步。虽然我们的故事剧课程在孩子们漫长的一生中只是沧海一粟，但我们的征途是星辰大海。希望我们能够孕育出更多的、更有价值的故事剧课程，在孩子们幼小的心灵里播撒下关于爱、关于希望、关于成长、关于种种美好事物的种子，真正促进幼儿的发展！

第四篇

与传统文化的融合

咱厝的端午

（大班）

缘起——

4 月 ~5 月，学校组织体验端午节习俗活动，孩子们在体验活动中，进一步感受了端午节的节日文化，对原本熟悉的传统节日端午节有了更深入的了解。

在活动过程中，孩子们谈话的话题总是围绕“端午”展开。六月毕业典礼，年段决定以闽南的传统节日为主线，公演关于闽南传统文化节日的故事剧。一听说要以传统节日为主题创作故事剧，孩子们兴奋极了，纷纷表示：“我们班就演端午节吧，我们可以把端午节玩的游戏融进故事剧里。”在交流的过程中，孩子们全都强烈要求演端午节的故事，因为他们觉得这样的故事剧剧本会有他们自己策划活动的影子，也有他们和伙伴们开心体验端午习俗的故事，他们有丰富的经验。就这样，毫无疑问，故事剧《咱厝的端午》在孩子们的强烈呼声中确定下来了。一经确定，孩子们的积极性再次被调动，都主动地和小伙伴商量剧本的创作主线、画可行的剧本。

过程推进——

（一）剧情编构

1. 讨论创作主线

为了确定故事剧的主线，孩子们结合他们在前期的体验提出了各自的看法。

第一组商量后觉得：端午节时，泉州的赛龙舟非常有特色，可以以赛龙舟作为剧本的结尾。

第二组的意见是：体验活动中“赛龙舟”和“包肉粽”非常有趣，重点应该放在这两个习俗的创作。

第三组的想法是：雨薇外婆说崇武的端午节习俗很有趣，邀请我们去参加，可以以崇武的端午节习俗为开头吗？

第四组的意见是：屈原的故事也很重要，需要提及。

第五组讨论的结果是：既然是闽南的端午节，那么创作中可以融入闽南童谣的元素，可以更原生态地表达出端午节所寓意的节日情感。

每一组主要的想法都不太一样，怎么办呢？为了将整个故事剧创作的主线更加丰满，我们和孩子们商议通过小组再商议，集体投票的方式决定故事剧各幕主线。

2. 画剧本

一说到剧本创作，孩子们都热情高涨，确定了主线之后，孩子们都自发在家里、在区域、在自主活动时间画他们理想中的剧本。有的孩子选择独立创作，也有小朋友选择和同伴合作创作。画完了，大家把画的剧本放在展示区和同伴分享交流。

雨薇和涵钰合作创作了一个剧本：美丽的海边，妈妈和雨薇触景生情，跳起欢快的舞蹈；思瀚创作的剧本是：美丽的海边，妈妈在给思

濑讲屈原的故事。”

教师小记

故事剧的创作萌芽于孩子们端午习俗的体验，在故事剧主线的确定上，我做了一个大胆的尝试——让孩子们当确定主线的主人，成为整个端午活动的主策划和游戏者。体验者最有发言权，从内心的感受出发，说出自己最喜欢、最真实的想法，对于构建归属于自己的故事剧主线有重要的作用。由此，也帮助孩子们有分歧时，能朝着共同的目标进行合理的分析，找寻适合大家共同喜欢的故事剧主线的能力。事实证明，孩子们成功了。他们抛开了个人最初自己的想法，从呈现最完美的故事剧出发，发挥小班、中班故事剧表演的经验，提出客观的建议，最终，初步构建了故事剧每一幕的主线。而在大纲构建之后，孩子们又主动将每一幕的情节按以往的经验进行表征，让故事剧的情节发展在动态的剧本中生动地呈现。接下去的排演过程，我遵循孩子的思路，让他们不断地在尝试中还原端午习俗的体验情景，不断通过排演中遇到的问题进行剧本的调整，通过生动的图画式剧本的创作，丰富每一幕的情节和对话，让他们无论走台前还是幕后，都真正是故事剧的主人。

（二）故事剧中的龙舟

1. 初识龙舟

幼儿园组织孩子们到泉州的海上交通历史博物馆（以下简称“海交馆”）秋游。

由于，先前班级开展过主题为船的活动，因此，孩子们走进海交馆后，纷纷对不同的船只造型和船身的图案葆有很大的兴趣。在不同的展区，他们看到了各式各样古代的船。灯灯看到了一艘有着龙头和龙尾造型的船，

好奇地问："这有着龙模样的船是什么船？"劲涛说："应该是龙舟吧。"这时候，正好海交馆的解说员叔叔走了过来，孩子们激动地提问："叔叔，这是龙舟吗？"解说员："是的，这艘船是古代的龙舟，它的船身画着龙的形状或者做成龙的形状。民间有赛龙舟的习俗，它在古时候是一种民间的体育娱乐项目……"

听了解说员叔叔的介绍，孩子们对龙舟愈发感兴趣，有些孩子说"我也想画一艘龙舟"，有些孩子说"有点想看看怎么赛龙舟"，有些孩子们则说"我们是不是也可以自己来做龙舟呢？"还有一些孩子说"我们可以自己玩赛龙舟的游戏吧"。

2. 找寻龙舟

从海交馆回来之后的一天，瀚洋从家里带来了龙舟模型。孩子们看到这个龙舟模型，开心极了，纷纷走到龙舟的面前，继续龙舟的话题，谈论不休。谈论的时候，涵钰小朋友建议：大家都去收集各种样式的龙舟，并带到班上来，丰富班级特色区"船公馆"。涵钰的提议得到了小伙伴的赞成。有的孩子去集市找寻，有的孩子在亲戚家找到龙舟，有的孩子和爸爸妈妈一起上网购买龙舟模型。

孩子们苦心找寻，收集了各式各样的龙舟。大家把收集到的龙舟展示在"船公馆"。大家在"船公馆"有了许多新发现：龙舟身上有很有趣的图案，龙头和龙尾的造型各异。

船公馆

船身上的有趣图案

3. 龙舟的故事分享

在观察龙舟的过程中，孩子们渐渐对"龙舟的由来""端午节为什么赛龙舟”“赛龙舟时有什么有趣的事情”等话题有了一定的兴趣。于是，我请家长们协助他们，搜集有关龙舟的传统故事、有关端午节的经典绘本故事，鼓励孩子们通过日常的谈话活动，进行故事分享。

经过故事分享，孩子们对原本只在直观感受中比较有冲击力的龙舟产生了一种特殊的情感。一天，洁伶和语馨告诉我，蔡老师，我们想设计自己的龙舟，我说：“可以啊，你可以选择你喜欢的方式进行设计。”最初，只有洁伶和语馨在美工区画龙舟，慢慢地，越来越多的孩子也对画龙舟有了兴趣。

开始设计龙舟时，有的孩子对龙舟身上的图案很感兴趣，于是开始尝试用线描的手法设计船身的图案。第一次设计，孩子们小心翼翼，不敢放手，所用的线条局限于波浪线、直线等大线条。我鼓励他们：在设计的时候，可以慢慢完善，不一定一次性就画完设计图。于是，孩子们在每一次的区域活动时间结束时，都自觉保存画稿。在午餐后休息或下午起床后静活动时，再取出画稿，继续作画。慢慢地，每一张画稿都因他们不断充实，变得格外丰满。我把他们设计的龙舟图张贴在“龙舟馆”的展示墙上，让走进龙舟馆的人可以近距离欣赏。

孩子们在设计龙舟

4. 拼插立体龙舟

画龙舟的过程，让孩子们对龙舟的整体结构和船身细节有了很深入的了解。慢慢地，他们不仅喜欢在纸上画龙舟，还开始搭建龙舟。建构区里的花片，变成了孩子们搭建龙舟的材料之一。

孩子们用花片做龙舟

灯灯拿来自己画的龙舟，邀请小伙伴一起照着画来建龙舟。很快，船身就建好了，却在拼龙头时卡壳了，灯灯想了一会，说：“龙的嘴巴应该张开。”他边说边用自己的手模仿；大拇指和四指之间的虎口张开再合上，一张一合，像极了龙的嘴巴。小伙伴们看到他的动作也纷纷模仿起来。结合肢体动态的体验，最后大家成功用花片拼出龙头。

看到龙舟成型之后，孩子们兴奋极了，我问：“龙舟上如果有座位，就可以给划龙舟的队员坐了，用什么材料合适呢？”梓琨说：“用积木吧，你们看我把积木立在花片的中间，座位就设计好了。”

5. 组合龙舟

有了建构区中立体龙舟的建构经验，孩子们对龙舟的玩法越来越有兴趣了。有一天，劲涛在自主区域中发现了一个新的玩法。他招呼小伙伴到自主区中，他说：“我觉得我们可以用砖块积木来建龙舟。”

砖块积木做龙舟

自主区的砖块龙舟吸引了很多小伙伴的目光，孩子们在“以物代物”的龙舟游戏中，体验到了划龙舟的乐趣，进一步增进了幼儿对赛龙舟的兴趣。他们开始在不同的游戏中尝试各种龙舟的建造，并结合龙舟开始玩起创意游戏。

组合龙舟

一天，创意游戏活动时间，孩子们决定玩新的游戏主题：龙舟游戏馆。孩子们先是寻找适合的材料来进行龙舟船身的建构，他们发现户外活动场地上有围栏、高跷、圆圈等材料，决定用它们试试进行组合，拼成龙舟。

孩子们先把材料搬到操场上筛选，筛选过后，他们开始合作建构。以梓琨为队长的 1 小队觉得围栏很长，平铺在地板就可以当成船身；2

小队的孩子们觉得平衡木也很长，还有一定的高度，于是，他们决定用平衡木当船身；3 小队的孩子们发现比较长的材料都被用光了，又不想跟 1、2 小队一样，于是，他们开始寻找不一样的材料，3 小队的俊楷找到了小椅子，他把椅子搬过来的时候，队员们都觉得奇怪，椅子这么小，怎么当龙舟的船身呢？只见俊楷把搬过来的一叠塑料小椅子一字摆开，小伙伴们顿时发出“哇哇哇”的赞叹声。船身造好之后，结合上次制作砖块龙舟的经验，孩子们运用了户外组合玩具等材料当作船桨，在游戏中玩起了划龙舟的游戏。他们边划动桨，边发出整齐的加油声，仿佛自己在赛龙舟一般。

教师小记

从海交馆初见龙舟到玩转龙舟，孩子们不断探索和推进游戏。虽然，孩子们都有在端午节时看划龙舟的经验，但并没有深入体验过玩龙舟的乐趣。因此，在区域活动中，我充分给予幼儿讲述、表征、制作龙舟的空间。为了满足自己对龙舟的探索欲，孩子们在找寻中讲述龙舟的故事、在设计龙舟中迁移回忆、在各种区域游戏中立体地呈现龙舟的模样、在创造性游戏中和同伴合作，自创了“花片龙舟”“砖块龙舟”“组合龙舟”；并在完成作品后，把龙舟当成表演的道具，把场地中的积木砖块、圆圈、高跷等体育器械当成船桨，和小伙伴组合成各组船队，进行赛龙舟比赛游戏；在游戏中还自发融入故事情节，进行生活故事的表演，在表演中将端午习俗的体验进行自然迁移，通过生动的情节表演，深入感受了赛龙舟有趣的热闹场面。

6. 纸龙舟（美工区）

有了游戏中运用各种材料建构龙舟的体验，孩子们对龙舟的外形特点已经非常熟悉。但是，在游戏的过程中，他们发现不管用什么材料玩龙舟游戏，他们的龙舟始终静止在地面上，没有办法前进，慢慢地，孩子们不满足于这样的玩法。他们开始想方设法让龙舟动起来，比如，能在水里游。孩子们首先想到的是用纸做的龙舟能够实现愿望。

一天，美工区里，涵钰和语馨正在折纸船，涵钰说：“我们折的这种船可以当龙舟的船身，再装饰一下就可以变成龙舟，还可以让它在

纸龙舟

水中行走。”语馨说：“就差龙头和龙尾了，我可以让我爸爸到网上找龙舟的造型图片，然后，把它剪下来装饰在船头和船尾。”

第二天，语馨带了打印的龙舟图片，她和涵钰把龙头、龙尾剪下来，分别贴在船的两端。其他小朋友看到后，纷纷决定到美工区做“纸龙舟”，用来赛龙舟。为了让每个小朋友都有完成“纸龙舟”的时间，他们还商定一周之后才进行水上赛龙舟的游戏。

7. 什么样的容器适合赛龙舟？

筹备纸龙舟的时间中，孩子们进一步思考：怎样在水上玩龙舟？他们开始实验纸龙舟能不能顺利在水上漂浮，他们先把水装在脸盆里，纸龙舟放进脸盆，顺利地漂起来。可是脸盆太小了，纸龙舟只能在脸盆中打转转，“用什么装水营造赛道”成为孩子们遇到的第一个困难。有的孩子建议：“洗澡的澡盆比较大，装水方便，也好收集。”于是，孩子们收集了家中洗澡的澡盆，放在户外的场地，用小桶装水倒在大澡盆里，将澡盆装满了水，因为澡盆比较长，纸龙舟放进后，不再打转转，开始能前进了，孩子们开心极了。虽然前进得不远，但看着纸龙舟在水中不断前进，满心的欢喜写在了孩子们的脸上。

8. 怎样让龙舟快速前进？

孩子们尝试用澡盆当装水的容器让纸龙舟在水中顺利前进，可是，在游戏的过程中，新的问题出现了：如果没有风，纸龙舟就不能前进；风向不一样，纸龙舟前进的路线也不一样。怎么样才能让龙舟比较顺利地在水中朝着目标前进呢？孩子们琢磨开了，灯灯率先尝试用嘴吹，劲涛说可以寻找工具扇风。于是，有的小朋友用书本，有的小朋友用硬纸片，有的小朋友在美工区拿了泥工板，来给龙舟扇风。最终，孩子们发现泥工板比较适合作为让龙舟前进的扇风工具。

教师小记

比赛的结果和孩子们的扇风技巧有了一定的关系，虽然增加了一定的难度，但同时也更增加了游戏的乐趣。虽然看起来挑战有点困难，但是孩子们似乎没有减少对赛龙舟的兴趣，反而觉得游戏更刺激、好玩。

9. 纸龙舟和泡沫龙舟谁更能在水中快速前进？

游戏“水上龙舟赛”进行了许久，依然是孩子们的最爱。在游戏的推进过程中，孩子们发现：把纸做的龙舟长期放在水中不仅会被浸透，而且很容易翻船。这可怎么办呢？孩子们决定找寻其他的材料代替纸张。在不断地寻找中，玩沉浮实验的时候，他们发现：塑料的瓶子不易沉下去，泡沫也不易沉下去。于是，大家决定，回家和爸爸妈妈一起制作泡沫龙舟、塑料瓶龙舟。临近端午节时，一位爸爸还热心地帮助孩子们在幼儿园修了一条更长的帐篷赛道。

龙舟赛上，泡沫龙舟一上场就非常灵活地在水道上前进，小队员们在边上用泥工板快速地扇动助力，参赛和不参赛的小伙伴都非常兴奋地围在赛道旁呐喊助威：“一二加油，一二加油！”孩子们通过亲身的经历，感受了龙舟赛的热闹场面和激动人心的氛围。

水上赛道赛龙舟

教师小记

为了让龙舟真正动起来，孩子们主动地不断探索，从美工区纸质龙舟得到新的灵感，一步步地丰富赛龙舟游戏。

在探索赛龙舟的游戏中，大班幼儿的合作意识、解决问题的能力逐渐显露。他们共同合作解决水上赛龙舟需要的道具，研究道具的适宜性；在遇到问题之后，共同寻找问题的根源，找寻合适的解决方法。容器大小的调整、纸质龙舟到泡沫龙舟的转变、再到增速龙舟前进时"吹气法""扇风法"等方法的运用，孩子们自主游戏，情绪饱满，在合作中能和同伴友好协调，协同同伴完成任务，让游戏深入开展。作为旁观者，我感叹于孩子们在游戏中探究能力的发展。在游戏的推进中，教师给予他们的是充分的情感支持，及时满足他们的需要，鼓励他们大胆探索。同时，我也看到：孩子们在游戏中真正迁移了生活中的经验，并以此再现了生活中美好的传统习俗的体验，满足了他们对传统习俗感受的美好愿望。

10. 组建龙舟鼓队

每一次的龙舟赛，孩子们都非常投入。在赛龙舟的游戏中，孩子们想：如果每一支队都能像真实的赛龙舟一样有一支鼓队，那么参加比赛的队员肯定能更投入也更有信心。

龙舟鼓队

一次，自主户外活动时间，孩子们正在玩枪战游戏。当裁判的王梓坤小朋友说："发信号用的'桌子战鼓'——圆桌子可以当枪战的大鼓，那也可以当赛龙舟的大鼓呀。"果果说："这个主意不错，我们班的红桌子有九张，这样鼓队可以很多人参加。"灯灯说："鼓队的队员敲击桌子的节奏要统一，那我们得好好练练。"梓琨说："果果的节奏感很好，果果来当带头人吧。"于是，在每周的自主游戏时间里多了新主题“龙舟鼓队”。练习熟练之后，在赛龙舟的游戏中，孩子们自然加入了鼓队。有了鼓队的加入，赛龙舟的游戏更加逼真了。

教师小记

自主游戏是孩子们非常喜欢的游戏类型，每周的自主游戏时间，孩子们总是能商量出各种好玩的游戏主题。在自主游戏中，他们可以充分利用活动室、户外场地等空间里一切的物品作为替代物。

在游戏中自然产生的有趣想法总是能引起孩子们的兴趣，聪明的他们善于发现同伴闪亮的点子，并加以迁移和运用，如龙舟鼓队的诞生。在龙舟鼓队的筹建中孩子们发现了敲鼓的乐趣，同时也将枪战中的打鼓气势运用到了龙舟队伍当中，增强了龙舟队伍比赛壮观的气氛。

（三）粽叶飘香

1. 吃粽子的趣事

孩子们在阅读区阅读端午节的相关绘本，联想到在端午节习俗的体验活动中关于粽子的体验，谈论起了吃粽子的趣事。

涵钰：“我们在幼儿园吃的粽子都是奶奶包的，我也很想学着奶奶的样子包包粽子。”

筱涵：“我也想包粽子，肯定很好玩，我想像雨薇外婆一样包出各种好看的粽子。”听到他们俩的对话，习颖走了过来说：“我喜欢吃有蛋黄的粽子。”

涵钰：“我喜欢吃有虾仁的粽子。”

筱涵：“我最喜欢吃肉了，我喜欢粽子加三层肉。”

习颖：“以前都是大人帮我们包粽子，现在我们长大了，要不我们也来包粽子吧。”“那我们问问小伙伴的想法吧。”筱涵说。

于是，她们将包粽子的想法和小伙伴进行了交流，孩子们都表示同意并期望这个活动的开展。为了保证计划的顺利实行，涵钰代表孩子们将想法告知我，我马上表示支持她们的活动，并且建议她们先商量出可行的计划方案。

孩子们自发地集中讨论计划方案，并做了一些规划。第一步，先确定包无馅粽还是肉粽？第二步，筹备食材。第三步，请人教我们包粽子。

教师小记

大（三）班的孩子是一群非常有主见的娃，在玩转龙舟的自主推进中，他们已经习惯了和小伙伴一起合作、共同探索。因此，当孩子们有了自己动手包粽子的想法时，作为老师的我内心是非常欣喜的，特别是在和小伙伴商讨的过程中，孩子们学会了尊重他人、学会了接受他人美好的建议和想法，这种学习品质的显现将有助于孩子们深入地推动计划的实施。此时，老师只需要关注孩子们计划推动的过程，给予他们适时的指导和帮助即可。事实证明，在包粽子的前期准备过程，我们的孩子制订计划细致、考虑问题周全，在意见不统一时，能采取少数服从多数的方法，制订较可行的方案；在解决问题上，能团结一致目标统一，例如：在粽子食材的准备上能主动考虑个人家庭资源；在考虑如何包粽子，也能争取家人的帮忙。最终，孩子们自主解决了前期的所有问题，为体验包粽子活动奠定了很好的基础。

在接下来的活动推进中，我将继续放手让幼儿尝试，建议他们在碰到问题的时候缓一缓，把想法说给我听；相信他们解决问题的能力，给予情感上的支持。

2. 体验包肉粽

家长们教孩子们包粽子

端午节当天，涵钰奶奶、筱涵姨妈、习颖奶奶等热心的家长都来到了大（三）班，准备和孩子们一同体验包粽子的乐趣。活动开始之前，在家长的引导下，孩子们一同把食材和道具准备好，布置在班级。

涵钰奶奶先进行完整的示范：教孩子们包粽子时应

先将两片粽叶重叠，凹好造型后再装入糯米和配料，最后包裹完整并绑好绳子。孩子们看完之后，跃跃欲试。

包粽子时，有的孩子因为装的食材太满，无法成型；有的孩子在最后绑绳子的环节，要两两合作，才能勉强完成；有的孩子在折粽叶时费了很大的劲……虽然问题百出，但是，孩子们依然兴致勃勃地和同伴包粽子，感受着和小伙伴一同包粽子的乐趣。

孩子们独立体验包粽子

慢慢地，孩子们在家长们的指导下，越来越熟练了，包的粽子也越来越像模像样了。

包完粽子，孩子们和小伙伴一起抬着粽子到幼儿园的厨房，请厨房阿姨用大锅蒸煮粽子，蒸的时候厨房阿姨被这群可爱的孩子感染到了，直说："虽未煮熟，却飘香四溢。"

教师小记

学包粽子的过程是此次活动最有趣的时刻。包粽子这种富有传统年代感的技术活，在这群 21 世纪小朋友的眼中显得格外新鲜。刚开始看到真的粽叶，孩子们都特别激动，个个拿起粽叶仔细端详，不断摆弄，恨不得马上包出一个个完美的粽子。为了学好包粽子的本领，家长们在教时，孩子们都非常认真，生怕漏掉每一个细节。在动手时，孩子们都跃跃欲试。我观察到，装粽子馅料时，孩子们的问题基本不大，但是在将粽子馅料包起来这个环节，孩子们就遇到困难了。令人欣喜的是，此时，我看到了孩子们互相帮助的模样：一个人拿粽子，一个人负责捆绑，合作的默契度堪称完美。家长们看到也连连称道：这群孩子长大了。一场体验传统习俗的亲子活动，让家长、孩子和教师都收获颇多。

排练表演——

（一）崇武海边嬉戏

“海浪”意境的营造。（用形象的海浪声营造真实的海浪音效。经过讨论，小朋友们选择用绸带做道具，通过抖动绸带制造视觉中的海浪）

海边嬉戏的情节由亲子的形式呈现，表演者雨薇妈妈和雨薇。雨薇妈妈带着雨薇在背景音乐的伴奏下翩翩起舞，自然地演绎嬉戏的场景，同时向雨薇娓娓讲述屈原的故事。

（二）老少粽子乐

1. 闽南童谣“烧肉粽”

闽南童谣流传至今，因其内容丰富多彩，生动活泼，诙谐风趣又蕴含着丰富的闽南文化底蕴而被后人不断传诵。在闽南有许多关于端午节的闽南童谣，如《五月节》《讨海人》《划龙舟》《烧肉粽》等，朗朗上口、趣味十足。

策划第二幕剧情时，孩子们想起了包粽子过程中和奶奶一起念童谣的美好画面。于是，他们决定在这一幕设计包粽子和奶奶一起念闽南童谣的片段。

孩子们用闽南语朗诵童谣

童谣念唱时，孩子们又想起冬至时做丸子的背景音乐，觉得音乐和童谣搭配在一起更生动，于是他们请我帮忙，将童谣和音乐进行节奏的配搭。

教师小记

闽南童谣《烧肉粽》是根据泉州特色小吃烧肉粽原创而成，富有闽南本地方言特色。其词句押韵、朴实而形象，把传统习俗包粽子的流程生动地通过了押韵的词句表达得淋漓尽致。

有了这段闽南童谣的融入，整个包肉粽的环节变得更加有趣——孩子们围坐在一起，用动作表现着包粽子的过程，边表演边用闽南话念唱童谣《烧肉粽》，声形并茂地再现了：端午时节，闽南农家老少同乐包粽子的场景，再现了闽南人美好而传统地过端午节。

2. 台词创编：我喜欢的粽子酱料

关于怎么再现品尝粽子的情景，孩子们表示他们想利用加酱料环节来表演。孩子们自主合作，讨论细节。有的孩子建议：“要把加的酱料用闽南话说出来。”还有的孩子说：“在说酱料的时候，可以依据自己喜欢的酱料进行分组，让喜欢不同酱料的人说出喜欢的酱料，这样更有感情”……

孩子们依据讨论的意见，正在创编简单的台词。涵钰突然用闽南话说：“我要加甜辣酱。”孩子们一听都笑开了，觉得非常有趣。紧接着，有人开始学涵钰的样子说：“我要花生酱。”孩子们越说越兴奋。最后，在集体的讨论中，形成了富有闽南特色的加酱料的台词。

3. 粽子道具的制作

第二幕的情节和台词在孩子们的努力下有了雏形。初次表演，孩子们通过肢体模仿再现包粽子的情节。但孩子们遇到了新的问题：单单运用肢体并无法再现这个情节。需要加入道具，要加入哪些道具呢？这些道具要怎么收集呢？

孩子们商量：表现包粽子肯定要有粽叶、包好的粽子，粽叶的道具要柔软可以随意造型又可还原。在寻找的过程中，又发现卡纸容易变形、万通板很硬……在尝试过程中，孩子们发现无纺布既可以随意变化，又能随意造型，还有和粽叶相似的颜色。于是，他们大胆地拿出了班级的绿色无纺布，在美工区把无纺布裁剪成一片片粽叶。

聪明的孩子们又在后续的过程中想出：往无纺布里面装棉花，当粽子的馅。制作时，孩子们又发现新问题：粽子道具在表演中被反复使用，需要牢固、耐用。而固定无纺布有些困难，难以牢固。这次，孩子们回家寻求帮助。最后，一位会使用缝纫机的奶奶热心地到班级帮忙，将粽子各条边车线固定。有了家长的帮助，粽子道具不仅美观形象，而且牢固耐用，为第二幕的表演增色不少。

4. 奶奶的邀请函

孩子们每天都在表演区中进行表演练习。刚开始的时候，孩子们有的扮演奶奶、有的扮演小朋友，不断交换角色进行故事“包粽子”的情景表演。

一天，在表演中间的休息环节，有孩子说：“包粽子的活动是奶奶们和我们一起参与的，在表演中要是能把奶奶请来一起表演，那该多好。”这唤起孩子们共鸣，大家纷纷想起包粽子时来的姨婆、奶奶，都有了把她们请来当嘉宾一起表演的想法，都觉得这样才能更真实生动地再现和奶奶们“包粽子”的情景。孩子们非常有诚意，一方面认真制作邀请卡，一方面请老师通过 QQ 群宣传，邀请家中长辈参加。功夫不负有心人，最终，成功邀请到六位嘉宾参与故事剧的表演。

5. 越来越丰富的剧本画

在画第二幕剧本时，原本孩子们画的都是小朋友在包粽子，后面因为排练过程中小伙伴的创意，加上孩子们对和奶奶一起包粽子的活动回忆满满，所以，在第二幕的推进中，孩子们把剧本进行了修改，比较有意思的是筱涵画的剧本。筱涵在创作包粽子时，将包粽子的奶奶和妈妈都画到了剧本中，还自己创编了有趣的情节：她和妈妈去外婆家，外婆家的邻居也来包粽子，筱涵、奶奶们围坐在一起包粽子。为了丰满这一幕情节中奶奶的角色，她还给奶奶设计了五颜六色的衣服。

教师小记

《咱厝的端午》是讲述孩子们和奶奶、妈妈一起过端午节的故事剧，这个由孩子们创作的故事剧，在情节构建、台词创编——闽南童谣的融入上都展现了浓浓的闽南特色；在表演包粽子这一幕的情节中，为了更好地呈现浓厚的包粽子氛围，孩子们不仅依据粽子的外形特点尝试制作道具，更是收集了装粽子的米苔、场景中需要的竹凳。在奶奶的服饰选择上，为了更加凸显当地的民俗民风，家长们主动提供了农村里奶奶穿的传统服饰。孩子们的剧本也在排演中不断地发生动态的变化，让整个场景的演绎在幼儿生活经验的基础上进行完美的艺术呈现，生动再现了原生态的包粽子画面。

（三）锣鼓响，龙舟开赛

1. 赛龙舟前的唇枪舌剑（台词创编）

龙舟队最后分成青龙队（男生队）和谁查某队（女生队）。男生队认为：“男生很壮，女生很瘦”他们肯定会赢。女生不甘示弱，反驳道：“谁查某队最团结，一定会赢。”大家唇枪舌剑，最后决定要以比赛定输赢，而争论成为第三幕中最具气势的台词。

男生：我们是青龙队。

女生：哈哈哈，我们是谁查某队。

鼓手：我们是锣鼓队。

男生：你们这些女孩子，个个瘦瘦的，要怎么赛龙舟啊。

女生：哼，谁说的，不要看你们壮壮的，输也不一定。

男生：那当然，我们男生力气大。

女生：谁查某队最团结。

男生：青龙队才会赢。

女生：谁查某队第一名。

男生：青龙队才会赢。

女生：谁查某队第一名。

果果：说的不算，比一下就知道。

男生：比就比，谁怕谁。

女生：比就比，谁怕谁。

鼓队：好，比赛开始，锣鼓敲起来。

2. 争论时的有趣模样（动作表演）

刚开始表演争论时，孩子们的表情比较生硬。渐渐地，因为争论，孩子们的情绪被激发，越发入戏。于是在争论时，他们开始自发地边说台词边做动作。有的一手叉腰，边说边跺脚；有的拿起船桨，身体前倾；有的翘起脚丫，伸长脖子……

公演剧照

教师小记

有了肢体动作的加入，孩子们更加投入了，争论环节变成了孩子们表演时觉得非常有趣的环节。某日，练习争论表演时，有的孩子边争论边前进，对方则自然后退。由此产生的队形的变化为争论的情景增添了灵动性，孩子们也觉得更加有趣。教师看到自主创作下，孩子们表情生动、动作夸张、气势如虹，富有生机。平时比较内向的小朋友在这个环节也彻底释放自己。

后记——

“端午临中夏，时清日复长。”端午节在泉州民间又称为“五月节”，有许多富有闽南特色的风俗：祈福消灾、泼水节、包粽子、吃粽子和赛龙舟……有着独特的节日文化。

由玩转龙舟到感受节日习俗再到萌生原创剧目《咱厝的端午》，整个过程的推进，孩子们始终占据着主导的位置。在活动的推进过程中，我始终让幼儿在前台，老师在后台，给予幼儿适时、充分的支持。结合幼儿的兴趣点开展丰富多彩的传统节日活动；通过将“倾听民间传说—了解节日由来—粽叶飘香—赏龙舟—绘龙舟—赛龙舟”等游戏活动一一推进，让幼儿从不同角度认识和感受，不同侧面了解和体验端午节，从而增进幼儿深入理解，感受闽南端午节独特的风俗文化，为幼儿萌发原创剧目《咱厝的端午》的创作积累了丰富的创作素材和灵感。

在剧本创作的过程中，孩子们不断进行思维碰撞，对于哪些习俗适宜改编和表演纷纷提出了自己的看法，表达了他们对于传统节日文化的见解。议论的过程，孩子们迁移自己过节的经验，让这些对传统节日的记忆在剧本中再现。剧情的创作中，由确定到“崇武外婆家过端午”的主线，构建了“崇武海边嬉戏—老少粽子乐—锣鼓响，龙舟开赛”的剧情大纲；形成了孩子们自己喜欢的“端午节”情节，剧本里有他们到崇武游玩的情形，有他们包粽子、吃粽子的过程，有他们到

海边看龙舟的回忆，更有他们和同伴赛龙舟的经历。

剧情的推进中，孩子们迁移、经验运用班级的装饰材料来营造氛围、制作道具，借用闽南传统道具为故事表演增色，还自然地将闽南的端午习俗与凸显“端午”节日文化的童谣相融合，让闽南传统的节日文化以童真的表达方式得以再现。表演中，孩子们深入感受闽南传统节日的文化底蕴，在借鉴闽南童谣《烧肉粽》的基础上，把粽子的特点和配料融入童谣，让童谣更加接地气。创编表演的台词中，我充分尊重幼儿，从幼儿的兴趣点和表达习惯出发，鼓励幼儿创编出喜欢的对话台词，让他们成为真正意义上剧本的创作者。

蕴含闽南传统节日文化的原创故事剧，萌芽于幼儿的关注点，借助活动一一推进，让幼儿充分浸入闽南传统节日文化背景——感受中了解、体验中创作、快乐中表演；不仅提高了幼儿故事剧创作和表演的能力，同时，也加深了幼儿对闽南传统文化的情感，让他们成为闽南文化的小小传承者。

听蟳埔阿姨讲故事

（大班）

缘起——

我们班在开展生态式主题活动《我爱泉州——泉州特产多》的过程中，组织了系列亲子活动："寻找泉州特产之旅"，孩子们走过西街、蟳埔村、源和堂、五店市、铁观音生态园，听了《提线木偶的来历》《林默娘战海怪》《铁观音的传说》等关于泉州特产的传说故事，找到提线木偶、蟳埔海鲜、安溪铁观音等丰富的泉州特产。伴随着主题活动的推进，幼儿在讨论和选择中，把游蟳埔村的生活故事和《林默娘战海妖》的传说故事结合，确定了我们原创故事剧的主题为《听蟳埔阿姨讲故事》。

[**故事剧简介：**泉州有一座宁静的小渔村叫蟳埔村，有一天，几个泉州娃来到这里，他们发现蟳埔村的房子和人们的衣服都很特别，于是询问起旁边挖着海蛎的蟳埔阿姨。蟳埔阿姨讲了一个故事：很早以前，渔民们靠出海打鱼为生。有一天渔民在大海上遇到风浪，这是海妖在作怪，正在鱼危险的时候，林默娘及时赶来，和海妖进行一场大

战，并收服了海妖。从此，林默娘带着海妖在海上巡逻，保护渔民。阿姨讲完故事，还带着泉州娃逛了热闹的蟳埔鱼市。]

1. 好特别的蟳埔村

周末，我和家长们带着孩子实地游览蟳埔村，了解蟳埔村的特产和特别之处，建立对故事发生地直观的认知经验。

周一，幼儿在幼儿园交流分享游览见闻。

师："你们在蟳埔村有发现什么特别的地方，或者有趣的事情吗？"

孩子们在家长陪同下游览蟳埔村

大宝："蟳埔村都是海鲜的味道。"

小宝："因为很多人在卖海蛎、鱼呀、鱿鱼啊，所以都是海鲜的味道。"

颖然："我觉得海蛎壳的房子最特别，因为别的地方都没有。"

心咏："我觉得这里的女人穿的衣服很特别，头上有好几圈的花。"

师："蟳埔村的人们勤劳勇敢，很久很久以前就会出海打鱼；他们聪明有智慧，建起这么特别的海蛎壳房子；他们还热爱生活，把自己打扮得漂漂亮亮的，头上像个小花园，美极了！"

教师小记

幼儿的学习和创作是建立在相应经验的基础上的，教师应为幼儿提供直接感知、亲身体验的机会和条件，帮助他们积累生活、认知和情感等经验。在寻访泉州特产的时候，我尽量让他们到实地实景中体验。幼儿到了蟳埔村，好奇心驱使他们用眼睛寻找，用语言交流，主动发问。幼儿间的对话，经过适当的修改和提炼，形成第一幕的剧本对话。下一步，我将与幼儿一起寻找相关的故事，通过讨论和表决，从若干个故事中选择一个作为故事剧的脚本。

2. 我要选哪个故事？

师："我们听过三个泉州特产的故事，分别是《提线木偶的来历》《铁观音的传说》和《林默娘战海妖》，今天我们要从这三个故事中选择一个来表演。请你们先思考一下：最想表演哪一个故事？为什么？然后请到上面来投票，把你手上的票贴在对应的故事图片下面。"

幼儿投票，最后 9 个孩子选择了《提线木偶的来历》，18 个孩子选择《林默娘战海妖》，4 个孩子选择《铁观音的传说》。

孩子们在为自己喜欢的故事投票

教师小记

从与幼儿的交流中，我了解到他们之所以选择了与蟳埔村有关的故事《林默娘战海妖》原因大致有三个：1. 故事里有比较明显的戏剧冲突，即林默娘大战海妖的情节，他们觉得这样的故事情节好玩，所以感兴趣。2. 故事发生在他们曾经与家长和同伴前往游玩的所在地，是他们喜欢的地方，有一定的情感因素。3. 班里部分幼儿曾经参加《蟳埔女》节目的排演，扮演过蟳埔女和大海中的小动物，有一定的经验基础。下一步预想：我根据幼儿的情景对话，提炼故事剧第一幕剧本；通过小组画表现幼儿眼中的蟳埔村，呈现故事剧第一幕的场景；通过小组剪贴画，让幼儿了解人物在场景中的空间位置。

过程推进——

（一）编构剧情

1. 渔民准备出海咯！

“出海前的准备”是《蟳埔阿姨讲故事》的第一个情节，孩子们对“出海捕鱼”的经验相对比较薄弱，因此，孩子们要创编符合情境的对话有一定难度。我通过讨论以下几个话题，引导幼儿思考，启发幼儿通过经验的迁移进行联想创编。

师：“跟家长出去旅游之前会做些什么准备？渔民出海前可能需要做些什么准备？旅游和出海有哪些相似的准备？”

讨论之后，我请孩子用彩泥贴画的方式表现渔民出海情境，并鼓励幼儿在画面上表现出对话的内容。

孩子们进行彩泥贴画

孩子们给天空画上太阳，给渔船画上满满的物资。孩子们想象力丰富，有的用线条把渔网描得整整齐齐，有的用彩泥印孔表现立体的渔网……最后孩子们拿着自己的作品进行分享和交流，并创作出初具雏形的渔民们出海前的对话。

渔民 1：今天天气真好，我们正好可以一起出海打鱼。

渔民 2：这么好的天气，一定能打到很多鱼。

渔民 3：我家里的钱都用光了，再不出海打鱼要饿肚子了。

渔民 4：要修补好渔网。

渔民 5：要检查渔船有没有破，如果有，要修理好，要不就太危险了。

渔民 6：要去好多天呢，要带上衣服和吃的东西。

渔民 7：大家都准备好了，一起出发吧。

教师小记

故事剧中可能有某些情节并非幼儿能亲身经历的，除了通过影视视频、文学作品丰富他们视野，还可以通过类似生活经验的迁移来引导幼儿。因为有类似的生活经验，他们考虑了天气情况、出行工具、准备工作等因素对出海的影响。借助彩泥贴画的创作，让孩子的视觉、触觉参与创作，将创编的语言具象化、可视化，从而用图像符号强化对对白的记忆。与同伴的交流时，孩子能对照彩泥贴画流畅地说出对白。剧本中“出海前的准备”这一情节对白就这样来自孩子的讨论和创作，孩子不需要背诵。

2. 撒网捕鱼咯

“渔民们准备好后，划着船，出海撒网捕鱼”适合孩子们用动作来表现。我先请孩子和家长们在表演活动前一起观看划船视频，收集适合划船的配乐，并与同伴交流分享。

泽元说：“我和妈妈一起看赛龙舟，好多人在用力地划，边上船头有队员敲鼓助威，我想邀请几个有力气的同学和我一起表演划船。”于是，他请了五个孩子上台，先教他们：“双手握紧，一起整齐地做动作，身体也要用力。”随着准备的伴奏音乐“赛龙舟”响起，泽元边喊口令边带着同伴一起表演，音乐节奏感强，动作整齐有力、气氛热烈赢得了大家的掌声。

仕宸坐过竹筏，所以他撑着长长的竹竿，在音乐《欢喜酒》的伴奏下，一下一下地划，自得其乐，有坐过竹筏的孩子也跟着起舞。

柏源和妈妈设计的灵感来源于动画片《汪汪队》。他模仿海上救援的划船动作……

孩子们用动作表现赛龙舟

孩子们创编的划船动作丰富、有趣，出乎我的意料。他们一共带来了十几首乐曲，经过投票选择，因为曲风欢快活泼、让人听了有欢喜的感觉，并且节奏速度适中，孩子们做动作可不急不慢等原因，大家选中《欢喜酒》作为渔民出海捕鱼的配乐。

教师小记

较之以往不同，此次创编动作和选择音乐曲目变成家庭的亲子活动，在家长们的支持下，孩子们对开船的认知比较广泛，因此创编的动作并不局限在划船桨，而呈现了多样性。通过分享交流，孩子们接触、欣赏了不同风格的音乐。在讨论的过程中，因幼儿以自我为中心的特点，孩子们都觉得自己带来的音乐最好听，最后按每个人可以选择两首音乐的规则投票选择，《欢喜酒》才被选出，确定为配乐。

3. 可怕的海妖

海妖有睚眦、宴公、鲨鱼精、巡海夜叉等，都是孩子们最喜欢的角色，特别是男孩子，更是趋之若鹜。这些角色形象具有不确定性，很适合幼儿通过天马行空的想象，运用图像和语言来进行表现和表达。

师："睚眦、宴公、鲨鱼精、巡海夜叉这些海妖可能长什么样子？"

沐晞："可能有尖尖的触角。"

泽铠："脸很可怕，很凶恶。"

文昊："鲨鱼精肯定嘴巴很大，里面有锋利的牙齿。"

颖然："应该会有很大的脚丫，能像潜水员那样在水里走。"

文昊："大大的嘴巴一吸，就把人吸进去了。"

垣铮："还有两个头，三个眼睛。"

乐樨："全身长满刺。"

子珺："巡海夜叉身上会携带武器，是不是大叉子呢？"

宸翰："海妖嘴巴里会放出闪电。"

……

师：你们真会想，今天请你们把想出来的海妖，画在这些奶昔画上。

幼儿进行想象画，画完后，还分享了海妖的故事。

万仟：海妖有两个头，随时可以开合。有两条长长的触角，手上拿

孩子们在奶昔画上创作海妖的形象

着两个锤子。肚子里已经有两个被吞下的渔民。

禹同：大海妖身上带有很多毒，长得又高又可怕。它有很多的脚，脚上和身上都长满毒刺，大嘴巴里的尖牙很恐怖。有一天，他去海里找吃的，找到了几条鱼，他觉得这是最好的美餐，可是他觉得这顿美餐还不够，他到海面上继续寻找，找到好多好多的鱼，还有海蛎。渔民们看到他，吓得浑身发抖。

孩子们的想象画

垣铮：海妖肚子很饿，正在找吃的。它随时都带着像挖土机一样的兵器，想要抓很大很大的鱼，如果碰到人类，就会用兵器把人类捕到的鱼抢走。

子珺：一天，天气很好，渔民出海打鱼，打了满满一船鱼，正准备回去，忽然看到好多的海妖：有的长得像长颈鹿，有的长得像龙，有的长得像水母，有的长得像蜗牛。它们把渔民扔到水里，把整条船打翻淹到水里，抢走了所有的鱼。

沐晞：有一只长得奇形怪状的海妖，它有尖尖的嘴巴和触角，有六只细细长长的脚，他要掀翻渔民的船。林默娘把手环一甩，就把海妖的脑袋套住了。

孩子们的想象画

教师小记

角色是剧本的要素之一，有些角色形象并不是真实存在的，具有较大的想象空间，幼儿用想象画的方式帮助他们把创编的角色形象地记录下来。孩子的想象力和创造力非常丰富，在他们的画笔下海妖有了具体的形象：有八条腿的，有长着角的，有满嘴尖牙像大鲨鱼，有的浑身是毛，有的拿着像推土机一样的兵器……这些设计为今后进入表演时角色的装扮提供了素材。孩子们在分享自己的绘画故事的语言虽然简短，却包含很多信息，如海妖们带着兵器、渔民因害怕吓得发抖、默娘的武器可能是手环、渔民用渔网和贝壳协助默娘等等，这些都能成为剧本的小细节的素材。下一步的推进中，我将通过区域活动，引导幼儿用道具、动作再现孩子想象画中的情节。

4. 默娘和渔民战海妖

一天，泽元和宇恒两个最高大的男孩当仁不让地当起海妖，高挑的乐樨扮演默娘，明耀、怡静、颖然三位小朋友当渔民，他们没有表演故事剧第一幕的情节，而是迫不及待地拿渔网、找替代物进入“大战”的状态，小小的场景无法满足“海战”的需要，整个操场成了他们舞台。海妖们张牙舞爪，对着渔民大吼：“哈哈哈，我要把你们的船掀翻！”渔民吓得尖叫着跑开，默娘赶紧拿着她从户外玩具中找到的道具，指着海妖说：“海妖，不准害人，看我的厉害！”接着，对着海妖一阵比画，渔民们也围了过来，用手中的渔网包围海妖。

孩子们在区域中玩战海妖的游戏

教师小记

之前选择表演区的孩子以女孩居多，她们每次都扮得美美的，把蟳埔村布置得整整齐齐。轮到男孩主演时，他们马上选了和海妖大战的情节来排练。这是因为海妖角色富有力量、情节富有冲突更能符合男孩的心理特点，所以更能吸引男孩的兴趣，激起他们的表演欲望。而女孩始终没有选择海妖，更喜欢默娘，贴合了大多女孩爱美的天性。由此我得到启发：故事剧情节的发展符合起承转合的编剧规律，角色的设置更趋于多样化，才能满足不同性别、不同性格、不同能力水平的孩子的需要。

5. 在我们的渔船上游戏

随着活动时的推进，孩子们主动提出进行建构渔船活动。建构区，孩子们自由分组，分散在各个角落开始建自己的渔船。他们一边忙着，一边不忘交流："船底最重要，先铺好船底，才不会漏水进来。""你们看，我搭的船头尖尖的，所有的船船头都是这样，老师说过这样的船开得比较快。""船的周围都要围起来，要不太危险了，我去拿这种长长棍子来围。""好，你去搬过来，我来围，我比较快。""钧豪，你和我一起搭后面的船舱，这里要放渔网和捕回来的鱼。""我们搭一艘大大的渔船吧，打回来的鱼才有地方放。""这里放一个望远镜，这样从船里面就能看到很远的地方有没有鱼。""我们的船要装一个大大的船舵，呼呼，转起来开得可快了。"孩子们七嘴八舌，场面热火朝天。安静的钧豪、茹冰虽然从头到尾几乎没有说话，但十分认真地和组员配合，慢条斯理地摆放着积塑。

孩子们建构自己的渔船

教师小记

随着故事剧活动的推进，孩子们对故事的喜欢之情越来越明显，角色感开始加强，由此在建构游戏时自发提出要搭建渔船，以满足他们"身在船上"的愿望。建构中，孩子们能在了解渔船简单结构的基础上，根据自己的想法和第二幕中创编的对话来增设不同功能的部位，如放渔网的地方、鱼舱、瞭望台、船舵、发动机、休闲厅等等。小组合作中，不同性格特点的孩子表现出各不相同的一面，但是都在游戏中找到自己的位置，比较和谐地进行着游戏。

（二）场景设置

1. 场景设计：小小的蟳埔村

师："我们的故事发生在蟳埔村，那蟳埔村是个什么样的地方？"

泽元："蟳埔村在大海边，是一个小渔村，那里很多人在卖海鲜，海蛎是最有名的，大家都喜欢吃。"

师："如果请你们来画蟳埔村，你们觉得要画些什么，才能让大家一看就知道是蟳埔村呢？"

禹同："那肯定是海蛎壳房子啦！"

万仟："还有卖海蛎的海鲜铺。"

师："我们的故事剧的第一幕是《泉州娃游蟳埔》，表演的时候我们要布置一个小小的蟳埔村场景，今天请你们，分小组合作进行设计，请你们先商量，如果大白纸就是蟳埔村，要在上面画什么，画在什么位置？要特别注意还要把小游客和村民添上去，所以要留下空白位置哦。"

幼儿分小组协商，第一组的小朋友有的说："我们画海蛎壳房子吧，画在这里（纸张最下部）。"有的说："蟳埔村地房子旁边都有大树，我画大树。"有的说："老师说蟳埔村在海边，我还要画大海。"有的说："大海画在上面，才不会把村民们淹了。"有的说："还要画些小船，蟳埔村的渔民要乘船出海打鱼。"

孩子们分组设计、绘画蟳埔村场景

2. 场景完善：美丽的蟳埔村

之前六个小组画的蟳埔村都比较简单，不够热闹，因此我组织孩子们通过观看了蟳埔村图片和之前游玩的照片，以此帮助幼儿回忆游蟳埔村的经历，再请幼儿试着改进、完善他们的画作。

师："大家设计的蟳埔村一共有六座，我们每次用的时候搬来搬去，不大方便，陈老师想了个办法：把它们都固定在有轮子的架子上，这样推着走，方便多了。你们看，每一座都稳稳地站在这里。现在，要请你们也动动脑筋，想办法解决另一个问题：请你们仔细看看，你们设计的蟳埔村和真正的蟳埔村有什么不一样？"

师："怎么样才能变得热闹起来？可以用什么方法？"

颖然："真的蟳埔村大，我们画的小。我觉得热闹就是要画得满满的，再画更多的房子。"

舒恬："蟳埔村有好些树，我们画的没有，可以在没有房子的地方添上大树和小树。"

泽铠："我看到房子旁边有长小草。"

垣铮："对，我也看到了，在房子的墙边。"

子珺："添上各种颜色，颜色多，看起来就会比较热闹，这是小芳老师告诉我们的。"

师："你们的建议都很好，那除了用画画的方法，你们还学过什么更好的方法，让花草树木摸起来是立体的，像真的一样？""我们学过折纸！""学过彩泥！"孩子们行动起来，有的用折剪的方法布置大树和小草，有的用泥塑的方法制作刺桐花和小花。大家积极投入，做得热火朝天，即将完工的时候，孩子们观赏着自己的作品，成就感十足，有的孩子不由发出感慨："太美了，我们怎么这么厉害呀！"

孩子们用泥塑、折纸、剪贴等方法设计制作场景

教师小记

场景是剧本的一个重要组成部分，以往的表演通常是由教师制作或用现成的背景。其实，场景的设置也可以是以幼儿为主体参与完成。首先，教师可引导幼儿分析故事剧里有几个场景？分别是什么？可以用什么方法呈现？然后，根据场景的复杂程度，引导幼儿循序渐进地创作，简单场景一次性完成；需要多种表现手法的，可以随着故事剧的推进在若干次活动中不断地完善。制作过程中，孩子们感受欣赏和表现创造美的能力从中得到一步步的提升。全员参与表演的故事剧适合足够量和足够大的场景。孩子们在自己创作的场景里表演，能更加享受成就感、更加入戏。

3. 报幕手牌：我报幕我做主

为了在故事剧表演时线索更清晰，让孩子和观众更快理解故事的推进，我们将制作三个报幕牌。制作前一天，先结合每一幕的名称请孩子们讨论关于制作报幕牌的想法。

师："这是报幕牌的底板，明天的区角活动，美工区的任务是完成三个报幕牌。第一幕："泉州娃游蟳埔"，第二幕："林默娘战海妖"，第三幕："热闹的蟳埔鱼市"，请大家想想，每一幕的报幕牌要做些什么，让人一看就能知道这一幕是在讲些什么事情？"

文昊："我知道，第一幕的名字告诉我们泉州娃游蟳埔，当然要画小朋友和蟳埔村的房子。"（其他孩子纷纷说："哎呀，这么简单，谁不知道呀？"）

仕宸："第二幕有海妖，要画海妖。"

心咏："第二幕有海妖，还有默娘和渔民。"

钿钿："渔民要在船上，才不会被淹死。"

大宝："鱼市要画很多鱼，我最喜欢了。"

……

区域活动时，六位孩子进入美工区。沐晞像大姐姐一样抱着三块底板开始安排任务，孩子们很快进入合作状态。文昊、煜堃画泉州娃，泽元责画蟳埔房子的海妖，子珺负责剪贴，沐晞和怡静做各种海洋生物。第一幕牌子最早完成，此时，泽元发现没有奶昔画可以画海妖了，他跑来问我，可不可以把墙上展示的画取下来剪贴？我对他这个灵活的建议表示完全赞成。泽元一口气剪了五只海妖，直到底板上没地方贴了为止。这一建议同时也启发了我，于是我找出孩子之前的彩泥贴画给他们粘贴，这样既充分利用资源又提高了效率。另一边，两个小女孩认真地做着各种海洋生物，有鱼、螃蟹、章鱼，每一只颜色、形态各不相同，最后点缀上眼睛，活灵活现，可爱极了！

孩子们分工合作，制作故事剧报幕牌

故事剧报幕牌完成了

教师小记

故事剧推进接近尾声，孩子们越来越期待展演这件事，越来越有

"学习主人"的感觉。从他们对报幕牌的理解中可以看出孩子们对整个故事发展脉络和内涵非常清楚，能准确抓住每一幕的重点事物，并通过多种方式的图像符号进行表现。经过一学期中多次机会的尝试，孩子们已经具有一定的合作意识和能力，做事情条理性比较清晰，先做什么再做什么，有条不紊地进行着。有的孩子逐渐养成动脑筋解决问题的习惯。

排练表演——

（一）剧本：《听蟳埔阿姨讲故事》

第一幕：泉州娃游蟳埔剧本（片段）

角色：泉州娃 1、泉州娃 2、泉州娃 3、泉州娃 4、蟳埔村民 1、蟳埔村民 2

场景：蟳埔村

旁白：在美丽的泉州，有一座宁静的小渔村叫蟳埔村，那里四处散发着海的味道，蚝壳厝闻名遐迩。有一天，一群可爱的泉州娃打破了这份宁静，听听他们在说些什么？

泉州娃 1：你们快来瞧，这个围墙怎么不一样啊？

泉州娃 2：我知道，我知道，这是一种贝壳做成的房子。

泉州娃 3：我听妈妈说，这是我们平时吃的海蛎的壳做成的。

泉州娃 2：可是，我跟妈妈去菜市场见过海蛎，没有这么大，形状也不一样。

泉州娃 1：哎呀，你们别争了，我们再问问其他小朋友吧。

泉州娃 4：这就是海蛎壳呀。海蛎做成美味佳肴，外壳就被蟳埔村的人们做成房子的墙壁。

蟳埔村民 1：小朋友们说得好，这是国外的海蛎壳，这样的房子很特别，我们把它叫"蚵壳厝"（闽南语）。

蟳埔村民 2：很多很多年以前，村民出海出国送货，回来时，为了安全，用海蛎壳压舱底。聪明的蟳埔人，用它来盖房子，冬暖，夏凉。

（二）展演进行时

每位幼儿自己换上表演的服装，拿上道具，在教师的带领下有序地进场。

公演开始了，台下观众满场，台上孩子信心满满，投入地表演着：舞台站位合理准确，海洋生物活泼可爱，海妖凶神恶煞，渔民战战兢兢，默娘沉稳大气，场景更替流畅有序……，每个角色的出场、退场都不需要他人提醒。在我们看来，唯一的瑕疵是四位小朋友忘了脱鞋子，穿着拖鞋上场了，但他们在发现之后并没有紧张着急，而是淡定地完成表演。

渔民出海前的准备

渔民围捕海鲜

默娘收服海妖

蟳埔女们在挖海蛎

热闹的蟳埔鱼市

后记——

一、优选故事素材，触发幼儿表演情感。

故事《听蟳埔阿姨讲故事》的主题来源于亲子活动："寻找泉州特产之旅——蟳埔村"，蟳埔村蚵壳厝和服饰的独特性是孩子们最感兴趣的话题，由此产生了对蟳埔渔民生活习俗的好奇心和探究欲望。孩子们在三个传说故事中选择了《林默娘战海妖》作为故事剧表演的蓝本。这个故事讲述了"渔民出海打鱼、遭遇风浪和海妖、在默娘的帮助下战胜海妖"三个主题的内容。故事的角色特征多样化，情节富有戏剧冲突，具有很强的可演性，能满足不同性格特征孩子的心理喜好，能

够触发孩子们深入推进、探求故事剧的情感，为师幼共构故事剧埋下良好的伏笔。基于以上两个层面，我们结合孩子游蟳埔的生活故事和《林默娘战海妖》的传说故事，原创了属于自己的故事剧《听蟳埔阿姨讲故事》。

二、多种模态参与，拓展故事表演内容。

教师与幼儿共构故事剧的推进过程中，我们借鉴多模态理论，尽量调动孩子的多种感官协同运作，多模态参与故事剧内容的创编，让幼儿在语言、图像、技术、肢体动作、音乐等多种符号系统的综合运用中深入理解故事，拓展故事情节、角色、对话、动作等内容。孩子们在故事剧的推进中，根据自己的生活经验，充分发挥想象力和创造力，在教师的点拨下，创编了渔民的对话，在想象画中创造了“海妖”形象和“战海妖”的具体细节，在故事剧中增设了“海洋生物”的角色并融入了童谣表演，全体幼儿合作设计创作了故事剧的场景，让故事剧在原有框架的基础上逐渐地充实内容直到完整。

三、整合家长资源，助推故事主题进程。

家长的支持在故事剧主题活动推进中是不可或缺的，我们向家长介绍故事剧表演对孩子发展的意义及班级故事剧推进的思路，取得家长在意识和行动上的支持。我们让家长用各种形式参与到活动中，如邀请家长利用周末带孩子游览蟳埔村，帮助教师记录孩子们的现场对话，作为剧本创编的素材；孩子们在创编动作需要经验支持时，家长们帮助他们收集图片、视频等资料；为了让孩子们品尝到蟳埔的海鲜美食，家长们带孩子到蟳埔购买海蛎，和孩子一起制作“海蛎煎”；为故事剧选取合适的音乐也是一项重要且耗时的工作，我们相信家长的审美和鉴赏能力，请有兴趣的家长帮助收集一些曲风、情绪适宜的音乐，教师再组织幼儿倾听和选择，大大提高了效率，让配乐过程起到事半功倍的效果。充分发挥家长资源的作用，使家园形成合力助推故事剧活动主题的进程。